Des philosophes pour bien vivre

Groupe Eyrolles
61, bd Saint-Germain
75240 Paris cedex 05

www.editions-eyrolles.com

Dans la même collection :

Éric Suárez, *La Philo-Thérapie*

Le Code de la propriété intellectuelle du 1er juillet 1992 interdit en effet expressément la photocopie à usage collectif sans autorisation des ayants droit. Or, cette pratique s'est généralisée notamment dans l'enseignement, provoquant une baisse brutale des achats de livres, au point que la possibilité même pour les auteurs de créer des œuvres nouvelles et de les faire éditer correctement est aujourd'hui menacée. En application de la loi du 11 mars 1957, il est interdit de reproduire intégralement ou partiellement le présent ouvrage, sur quelque support que ce soit, sans autorisation de l'éditeur ou du Centre Français d'Exploitation du Droit de copie, 20, rue des Grands-Augustins, 75006 Paris.

Eugénie Vegleris

Des philosophes pour bien vivre

EYROLLES

Message pour le lecteur

Ami lecteur,

Sans toi, ce livre n'existerait pas.
Ma pensée reprend son élan en t'imaginant.
Toi, par contre, tu peux exister sans moi.
Il existe plein de livres dans le monde.
Ton désir d'exercer ta pensée a l'embarras du choix.
Le mien est de te transmettre ce qui m'aide à vivre.
Vivre, pour moi, c'est être relié aux autres.
Être relié aux autres, c'est parler, penser, agir avec eux.
Les autres ne sont pas seulement nos contemporains.
Ce sont tous ceux qui ont cherché le sens de notre existence.
Cherchant, ils sont allés au-delà d'eux-mêmes.
Là, ils ont vu quelque chose que nous n'avions pas vu.
Grâce à eux, nous arrivons à mieux voir.
À mieux nous orienter dans la nuit.
Car une vie sans lumières est une nuit.
J'ai choisi de te faire rencontrer des philosophes.
Les philosophes du passé sont comme les étoiles.
Disparus, ils nous éclairent encore de leur lumière.
Ils forment notre ciel étoilé.
Un ciel qui brille de nos constellations.

Car à chacun de composer ses pléiades scintillantes.
Ce livre contient mes compositions personnelles.
Tu trouveras les auteurs et les idées qui éclairent mes pas.
Et aussi les appels à la sagesse que j'entends en les lisant.
Appels que je porte au fond de moi sans forcément y répondre.
Trop souvent le quotidien me happe et me hache.
Philosopher, c'est combattre ce morcellement aliénant.
Philosopher, c'est trouver son centre de gravité.
Les philosophes nous y aident sans nous tromper.
Ils nous disent que l'existence est un fleuve tourmenté.
Ils nous disent aussi comment puiser en nous ce qui apaise et
réjouit.
Ce livre est parsemé de la sagesse contenue dans l'origine des mots.
Tu goûteras à la saveur des racines qui parfument mon chemin.
Et j'espère que tu éprouveras la joie de penser.
Cette joie ne supprime pas la difficulté de vivre ni les chagrins.
Elle est amour de tout ce qui maintient notre pensée en éveil.
Ce livre est un livre de pensées, pour rester éveillé.
Rien, dans ce livre, n'est figé, tout reste ouvert.
À toi de mener ton questionnement personnel.
À toi de laisser de côté ce qui ne te sert pas.
À toi de noter les mouvements de ta propre pensée.
À toi de construire les sens qui te feront mieux vivre.

Merci, lecteur, de faire vivre ce qui me fait vivre.
Merci de partager avec moi la joie de penser.

Ami lecteur, à toi de devenir un penseur !

Préfaces

Préface I

Penser pour bien vivre

Pour le vivant conscient que je suis, la pensée est ce qui éclaire la vie

Une vie éclairée est comme un pays ensoleillé. Embelli des couleurs imprévues que la danse des rayons fait courir sur sa surface. Enrichi des ressources insoupçonnées que la lumière enlève à l'ombre. Parfumé des saveurs qu'il recueille de ses racines. Scintillant de ses rivières présentes et des fleuves à venir. Grouillant de ses villes déjà bâties et des cités à construire. Ouvert sur d'autres pays à explorer.

Une vie éclairée est une vie qui, dans ses jours gris, se souvient des grâces du soleil.

Pour le vivant pensant que nous sommes, survivre c'est créer moyens et raisons de vivre

Inventer des instruments pour nous défendre des agressions. Concevoir des outils pour exploiter les richesses de l'environnement. Créer des mythes pour apprivoiser l'étrangeté de l'univers silencieux. Forger des croyances pour nous protéger de l'angoisse de la mort. Établir des normes pour arriver à vivre ensemble. Instituer des règles pour produire les biens qui assurent notre subsistance.

Peindre le quotidien pour le mettre à distance. Orner les lieux de culte pour honorer les dieux.

Raisons et moyens de vivre transforment la lutte pour la survie en quête pour mieux vivre.

Chercher à mieux vivre, c'est nous relier et construire ensemble

Sortir du silence animal en apprenant à parler. Apprendre des autres et transmettre pour ne pas toujours tout recommencer. Fabriquer souvenirs et récits communs pour moins souffrir de solitude. Se réunir pour répartir les tâches, démultiplier les forces et partager la joie. Se rassembler pour sceller des alliances, célébrer les morts, fêter la vie. Compenser les faiblesses individuelles en échangeant services, produits et idées. S'affronter, rivaliser, se comparer, s'entre-apprendre. S'unir pour se défendre.

L'organisation des relations et des constructions caractérise la société humaine.

La société politique existe pour permettre aux hommes de bien vivre

Par-delà la voix qui exprime des émotions, la parole qui nomme, décrit et relie. Par-delà le besoin de laisser après soi un autre semblable à soi, éduquer et transmettre. Par-delà l'instinct de l'utile et du nuisible, le sens du bon et du mauvais. Par-delà le sens du bon et du mauvais, l'édiction de lois pour définir le juste et l'injuste. Par-delà les lois de l'État, le souci de nous bien conduire envers nos semblables. Par-delà le souci de la conduite bonne, le désir d'être en accord avec soi-même. Par-delà le désir de l'accord avec soi, l'aspiration au bonheur.

Racine et fruit de la société politique, la pensée vise le bien-vivre en tous ses aspects.

Penser fait passer du souci du bien-être au désir de bien vivre

Du souci des malheurs qui peuvent fondre sur nous au désir d'apprendre de l'expérience. Du souci d'être bien pour soi avec les siens au désir d'être bien avec les autres. Du souci de se développer personnellement au désir de se réaliser humainement. Du souci de s'assurer tous risques au désir de vivre les bonnes surprises de l'incertain. Du souci de répondre aux attentes au désir de répondre de ses actions. Du souci d'être premier au désir d'agir de manière adaptée aux circonstances. Du souci de suivre les modèles ambiants au désir de contribuer à un monde meilleur.

En nous menant du souci au désir, la pensée nous ancre dans l'humanité de notre vie.

L'idée du bien-vivre est née dans un pays ensoleillé

La philosophie naît sur les bords de la Méditerranée, entre l'Asie Mineure et la Sicile. Elle naît du désir d'explorer et de traiter la réalité à la lumière de la raison. Les penseurs avant Socrate cherchent à comprendre la Nature pour ne plus la craindre. Socrate met ses semblables devant leurs responsabilités d'hommes et de citoyens. Platon relie la sérénité de l'âme individuelle à l'exercice d'une pensée qui vise la justice. Pour Aristote, l'animal humain ne devient un homme qu'au sein d'une société politique. Tous affirment qu'exister humainement, c'est s'exercer à bien vivre.

Pour un être conscient de la difficulté de vivre et habité par l'inquiétude de son lendemain, la question centrale est : comment faire de mon existence et de notre vie en commun un bien ?

Préface II

Trouver les chemins
de sa propre pensée

Nous rappeler de ce qui fait notre humanité

Chaque être humain est un sujet pensant. Il est le support unique et irremplaçable de sa propre pensée. Il peut transformer tout ce qu'il perçoit et ressent en objet de pensée. Mais il peut aussi se contenter de suivre les opinions des autres. Comme il peut être paralysé par ses craintes. Ou se trouver ballotté par les événements. Ou oppressé par la nécessité d'aller vite.

Oublier d'exercer sa pensée, c'est s'exposer au risque de perdre son humanité.

Distinguer entre notre « moi-je »
et notre « je pense »

Chacun d'entre nous est un individu qui ne vit qu'une fois. Un être conscient de ne vivre qu'une fois a peur pour sa vie. Chacun d'entre nous naît et meurt seul dans un univers étranger à son aventure. Un individu conscient de cette solitude tend à prendre son moi pour le centre du monde. « Moi-je » est le repli de celui qui craint d'ouvrir le pas. « Je pense » est l'ouverture de celui qui se met en marche vers ce qu'il ignore. Le « moi-je » ronge son propre sang, le « je pense » découvre ce qui le nourrit.

Passer du « moi-je » au « je pense », c'est aller de la servitude vers la liberté.

Aller à la source de notre liberté

Être libre, c'est ne pas être la victime ou le jouet de ce qui nous arrive. Une victime est une créature qui souffre de subir ce qu'elle n'a pas choisi. Un jouet est un objet commandé par une force extérieure. Ce qui nous arrive vient du dehors et du dedans. La pluie tombe du ciel, et il existe des pluies diluviennes. L'angoisse monte de nos tréfonds, et il existe des angoisses pétrifiantes. Un couple se construit à deux par l'alliage de deux intériorités et de deux environnements.

Notre liberté se nourrit au choix de ne pas laisser les autres et les choses décider pour nous.

Résister aux pressions ambiantes

Le règne de l'éphémère et du prêt caractérise notre société. À peine apparus à la une de nos journaux, les événements disparaissent. Nos outils performants sont aussitôt remplacés par d'autres qui le sont davantage. Nous empruntons pour devenir propriétaires et nous achetons à crédit. Les faits que nous présentent les médias sont déjà montés et commentés. L'opinion est préfabriquée comme nos vêtements sont prédécoupés et prétaillés. Bousculés, nous vivons de vies empruntées que nous imaginons être nôtres.

Ne pas céder aux pressions aliénantes, c'est entrer dans le pays sans frontières de la pensée.

Comprendre la nature de la pensée

Penser est une activité personnelle, à la fois non solitaire et solitaire, unique et plurielle. Personnelle : je pense dès lors que je pose au monde mes propres questions. Non solitaire : je trouve mes propres questions en échangeant avec les autres. Solitaire : pour rencontrer mon esprit, je dois me mettre provisoirement en retrait. Unique : penser, c'est ne jamais penser la même chose que l'autre. Plurielle : à chacun sa façon d'exercer et de forger ses pensées qui évoluent au fil du temps. L'humanité est tressée de pensées nées des rencontres, renouvelées par les transmissions.

Saisir la nature de la pensée, c'est s'engager sur les chemins de la sienne propre.

Trouver les chemins de sa propre pensée

Parmi les innombrables pensées, certaines ont traversé les siècles. Traversent les siècles les pensées qui, enfants de leur temps, sont pourtant « intemporelles ». Sont intemporelles les pensées qui éclairent, sans l'expliquer, le mystère de notre condition. Les pensées qui, nées d'un autre esprit que le mien, m'interpellent personnellement. Je suis interpellé par les pensées qui éveillent et développent ma propre capacité de penser. Ces pensées s'adressent à l'homme que je suis à travers l'existence unique que je vis. En reliant ce que je vis à l'humaine condition, j'ouvre les voies de ma pensée.

En cheminant, ma pensée oriente ma vie et m'ouvre les voies du bien-vivre.

Penser en rencontrant les pensées des philosophes

En croisant la pensée des philosophes, ma pensée découvre sa propre tonalité. Cette tonalité est à la fois teinte et tonus. Chacun a une couleur qui lui est propre et une force qui est sienne. La rencontre avec les philosophes irise ma carnation et oriente ma force.

S'éclairant des idées des philosophes, ma pensée devient de plus en plus personnelle. Elle vient de moi et, de là, elle me tire hors de moi. Vers quelque chose d'universel, valable pour les hommes de tout temps et de tous lieux. Vers quelque chose de commun, qui nous relie par-delà nos discordes.

Les philosophes m'apprennent à construire une pensée qui agit sur les choses.

Préface III

L'esprit des philosophes
et la vitalité des idées

L'esprit du philosophe

Un philosophe est un homme comme nous et pas tout à fait comme nous. Comme nous, il est pris dans les limites constitutives de son individualité. Enfant de son époque, impacté par ses sentiments, il perçoit le monde à travers son filtre. Mais ce qui caractérise un philosophe, c'est son pouvoir de désenlisement. Le désir de comprendre le porte à chercher le sens caché derrière ce qu'il vit et perçoit. Derrière ce qui passe, l'esprit du philosophe voit ce qui ne passe pas. Ainsi, sous les changements incessants, quelque chose fait que le monde perdure. Derrière ce qui est variable, l'esprit du philosophe voit ce qui reste constant. Ainsi sous la foisonnante variété des croyances, il y a le besoin invariant de croire. Derrière ce qui est particulier, l'esprit du philosophe voit ce qui est commun. Ainsi, sous la diversité d'individus chacun unique, s'exprime une même humaine condition.

Un philosophe est un faiseur de vérités situées hors du temps.

Les vérités du philosophe

Les vérités que fabrique un philosophe ne sont pas scientifiques. Objectivement invérifiables et non cumulables, elles ne progressent pas avec les âges. Les vérités du philosophe sont les visions d'un individu singulier. Leur source est l'intuition personnelle de ce philosophe. Branché sur le mystère du monde, il happe des clartés pour parcourir le labyrinthe. Les visions des philosophes sont visions d'un individu solitaire. Pour extraire ce que l'opacité de la réalité empêche d'apparaître, le philosophe part de lui-même. Le mot grec pour dire la vérité est *alétheia*, et ce mot signifie ce qui ne se cache pas. Les vérités philosophiques sont des dévoilements interpellants.

Du fond de sa liberté, chaque philosophe me lance un appel : que penses-tu de ce que je vois ? Peux-tu faire de ce que je vois une lumière pour ta propre vie ?

L'accès aux philosophes

Chaque philosophe exprime dans le langage des mots une vision qui déborde tout langage. Le langage contraint le philosophe à employer la langue aride de la raison. Ce passage obligé assèche et assombrit les vérités qui nourrissent le cœur et illuminent l'esprit. Pour trahir le moins possible sa vision, chaque philosophe invente ses propres concepts. Cette invention ajoute à la formulation du philosophe une redoutable complication. Nous voici en plein paradoxe. Les écrits des philosophes sont peu accessibles au commun des mortels. Or ils parlent de ce qui nous importe au plus haut point : le sens de notre vie. Entre les textes philosophiques et nous se dresse le mur de l'érudition. Or nous avons vitalement besoin des philosophes pour faire de notre vie un bien. Pour surmonter l'obstacle, nous avons besoin d'un passeur. Le passeur nous ouvre l'accès en nous transmettant ce qu'il a lui-même compris.

Le paradoxe reste entier car le philosophe se rapproche par l'intervention d'un tiers.

La diversité des entrées

Le passeur est un vulgarisateur, quelqu'un qui étudie les philosophes et les aime. L'étude est une démarche qui vise la connaissance et l'objectivité. Aussi cherche-t-elle à cerner la façon dont chaque philosophe a élaboré sa théorie. L'étude prend le philosophe par ce qui, de sa pensée, vient de la raison et s'adresse à elle. L'amour est une relation intime qui désire capter le désir d'autrui. Il cherche à deviner ce que chaque philosophe a voulu signifier par-delà ses raisonnements. Aussi prend-il le philosophe par ce qui, de sa pensée, vient du cœur et s'adresse à lui. Le passeur est un individu qui a des préférences qui varient avec ses humeurs. Il peut présenter le philosophe par sa voie royale, par la vision qui en fait la grandeur. Mais il peut aussi nous faire entrer chez lui par la petite porte, celle de ses idées périphériques. Toutes les entrées sont bonnes car l'important est d'entrer. Et aucune des portes ne verrouille une autre, on peut les prendre les unes avec ou après les autres.

Nous guidant sans nous contraindre, le passeur philosophe propose plusieurs traversées.

Puissance des théories, grandeur des idées

Une théorie est puissante quand elle tranche par sa nouveauté sur celles qui l'ont précédée. Est puissante la théorie exposée par Kant dans *La Critique de la raison pure*. L'affirmation que nous ne percevons pas les choses en elles-mêmes, mais seulement telles que notre esprit les structure a révolutionné notre façon de penser la réalité. Est objectivement grande l'idée qui tranche par son originalité sur celles qui l'ont précédée. Est grande l'idée centrale de Kant dans *La Faculté de juger*. Juger, c'est utiliser les principes de la raison pour éclairer une situation concrète ; juger c'est exercer son discernement pour comprendre les événements.

Mais il y a des petites idées qui sont grandes par la lumière qu'elles allument en moi. Est subjectivement grande l'idée qui me fait franchir un seuil. La petite idée de Kant sur le « je », *ce pouvoir qui élève l'homme infiniment au-dessus de tous les autres êtres vivants sur terre* est grande, pour moi, si elle renforce ma confiance.

L'important, c'est que le philosophe m'interpelle, que son idée soit sésame qui m'ouvre l'esprit.

Préface IV

Jardiner pour découvrir

Le jardin d'Épicure

Épicure réunissait ses amis dans son jardin. Avec eux, il approfondissait son idée sur le sens de l'existence humaine. Notre vie peut s'arrêter à tout moment. Court passage dans un univers composé d'atomes, livrée au hasard de leurs mouvements, notre vie est inscrite dans un temps discontinu, où l'instant succède à l'instant. La conscience de cette situation porte l'attention à se concentrer au présent. Chaque individu doit saisir le sens de ce qu'il est en train de vivre ici et maintenant. Nous pouvons entrer dans la philosophie d'Épicure par deux portes très différentes. Par la théorie physique des atomes et du vide, fondement de la vision épicurienne du bonheur : c'est la porte de la connaissance rationnelle. Mais nous pouvons entrer dans la philosophie d'Épicure par le jardin. *Chacun de nous quitte la vie avec le sentiment qu'il vient à peine de naître…* La jeunesse sans fin de notre esprit contraste avec notre vie si brève.

Passeur dans votre rencontre avec les philosophes, je vous propose de passer par le jardin…

Ce qu'est un jardin

Un jardin est un lieu ouvert sur le ciel. Du crépuscule à l'aurore, le ciel ne cesse de colorer autrement le jardin sur lequel il veille.

Un jardin est un lot de terre. Entre les goûts du jardinier et les humeurs des semences, la terre ne cesse de changer de parure. Un jardin est un pays de racines, de fleurs et de fruits. Les racines tricotent le tissu nourricier, les fleurs embaument l'air, grisant insectes et oiseaux. Les plantes offrent leurs senteurs, les fruits proposent leurs saveurs. La vie végétale y tient ses festivals, soutenue par la main de l'homme qui cultive et sème. Tout jardin est un pays. Un pays polychrome et suave, investi d'une richesse sans cesse recommencée. Chaque philosophe nous propose son jardin. Ses idées peuvent devenir pour moi des ciels qui colorent mon univers. Ses idées peuvent faire pousser en moi des racines qui nourrissent sans enchaîner.

Les jardins intérieurs adviennent imprévisiblement, par les grâces de la vie.

Mon jardin philosophique

En présentant mon jardin philosophique, je souligne ma subjectivité de passeur. Me connaître un peu, c'est apprendre la relativité de toute interprétation. Apprendre la relativité, c'est se défaire du dogmatisme dans sa quête du vrai. Mes élèves de philo furent à l'origine des premières pousses de mon jardin. Leurs questions, mes premières pluies fines et mes premiers grands soleils. L'obligation d'affronter leurs réactions m'a éveillée au désir de comprendre pour de bon. Trouver le lien entre les philosophes et ces jeunes grouillants d'une vie à découvrir. J'ai trouvé ce lien en me reliant personnellement avec chacun des philosophes que je citais. J'ai commencé en demandant aux philosophes d'éclairer ma situation dans le monde. Puis d'aiguiser ma capacité de radiographier une société qui me semblait virer au non-sens. Enfin de m'aider à traverser les difficultés de ma vie et à en apprécier les bonheurs. Ainsi sollicités, les propos des philosophes se sont ouverts comme boutons de rose. J'ai vu fleurir les cyclamens de Platon à côté des coquelicots de Bergson. J'ai humé les roses de Montaigne, mêlées au parfum des jasmins de Spinoza. J'ai goûté au basilic de Nietzsche, aux girofles de Marx, aux iris d'Arendt.

Le désir de transmettre aux élèves m'a appris à jardiner.

Les chemins de la sagesse

À chacun de cueillir des fleurs pour composer son bouquet. À chacun ensuite de semer, le cœur fleuri et la main verte. Puis à chacun d'arroser, d'observer, d'attendre, d'apprendre à cultiver. À se cultiver en cultivant en soi les fruits de la récolte. Libre à chacun d'aller vers d'autres passeurs ou de franchir le seuil. De lire des philosophes directement, s'imprégnant de leurs saveurs. Prises en direct ou par tiers interposé, les idées philosophiques ouvrent l'esprit. Ouvert, l'esprit laisse pénétrer en lui les saveurs du monde. La sagesse autrefois s'appelait sapience, du verbe latin *sapio*, qui veut dire déguster. La saveur est le goût plaisant qui persiste en nous, parfumant et colorant notre for intérieur. La sagesse naît d'un esprit qui butine fleurs parfumées et plantes aromatiques. La sagesse est, comme le goût, personnelle, chacun découvre son chemin en cheminant. Innombrables sont donc les chemins.

À chacun de trouver le sien, de trouver les chemins de sa sagesse.

Idées savoureuses pour bien vivre

Ce livre est un florilège cueilli dans mon jardin. Celui-ci est composé des idées qui m'ont aidée à :

- cultiver la confiance en moi,
- vivre le temps,
- être avec les autres,
- m'entraîner à la liberté,
- apprivoiser la mort,
- vivre l'amour,
- créer la joie d'être.

I

Cultiver la confiance en soi

Approche philosophique de la confiance

Ce qu'elle est

Pourquoi nous en manquons

En quoi elle est vitale

La confiance ?

La confiance est le sentiment qui me porte à me fier à une réalité incertaine.

Je fais confiance à un ami en sachant que la nature humaine est changeante. Je fais confiance en sachant que le meilleur, le moins bon et le pire sont également possibles. Je fais confiance à Dieu même si je n'ai aucune preuve scientifique de son existence.

Étrangère ou contraire aux arguments de la raison, la confiance est assurance irrationnelle. Elle s'affirme contre les doutes distillés par la raison, naturellement hostile à ce qui lui échappe.

– « Le temps use toutes choses, ressasse la raison.
– Oui, répond la confiance, mais l'âme de mon ami est faite d'une substance qui ne s'érode pas.
– Attention aux périls que réserve l'avenir, remâche la raison.
– Peut-être, répond la confiance, mais le meilleur est toujours possible.
– Le malheur et l'injustice sont les signes d'un monde sans Dieu, rumine la raison.
– Sans doute, répond la confiance, mais Dieu met les hommes à l'épreuve. »

Pour se maintenir en vie, la confiance doit combattre en permanence le scepticisme de la raison. Pour cela, elle doit puiser en elle-même l'énergie dont elle a besoin pour continuer d'exister.

Les origines anthropologiques de la confiance

L'énergie qui alimente la confiance prend source dans la nature étrange de l'animal humain.

L'homme est dépourvu de comportements stéréotypés. Aucun programme génétique n'assure notre protection et notre défense. En revanche, l'homme a un cerveau hypercomplexe pour pallier son instinct de survie défaillant. Ce cerveau le rend conscient de lui-même et de sa situation dans l'environnement. Il lui donne la capacité d'inventer des solutions originales pour résoudre les problèmes de la vie.

Par son volet rationnel, le cerveau m'apprend que rien n'est sûr. L'avenir échappe à ma prise, les autres ont des comportements imprévisibles. L'environnement est trop complexe et ne peut être que très partiellement prévu et maîtrisé. Nous sommes tous sujets à l'accident, à l'erreur et au chagrin. Notre existence est menacée tout le long de sa durée limitée.

Par son volet dément, le cerveau compense l'inquiétude par la croyance. J'ignore de quoi demain sera fait, mais je crois spontanément que, demain, je serai encore en vie. Je sais que les hommes sont faillibles, mais je les crois capables de tirer leçon de leurs erreurs. Si j'ignore les intentions de mes proches, je crois que des alliances avec eux sont toujours possibles. Si je sais que la réalité fourmille de périls, je crois à la chance et à ma bonne étoile.

Par ma nature humaine et à mon insu, je suis porté à croire que ma vie poursuivra son cours. Sans cette confiance irraisonnée, je serais dans l'incapacité de commencer ma journée.

Pour l'être humain que je suis, croire c'est vivre, et vivre c'est croire.

Les racines anthropologiques de notre manque de confiance

Notre cerveau est bien étrange. Pour trouver, mon cerveau est obligé de tâtonner. Le tâtonnement est toujours une errance et l'errance peut autant découvrir que se tromper. L'erreur peut être aussi bien instructive que mortelle.

Notre rapport à la réalité extérieure est bien étrange. Rien, au départ, ne permet de distinguer ce qui est en moi et ce qui est dehors. La distinction entre le dehors et le dedans vient avec l'expérience. Au fur et à mesure j'apprends que les choses et les autres résistent à mon désir.

Notre rapport à notre réalité intérieure est bien étrange. Ne pouvant me défaire de moi, je perçois tout à travers un filtre que je ne vois pas. Spontanément, je prends mes interprétations pour des vérités et mes désirs pour des réalités. La ligne de démarcation entre l'extérieur et l'intérieur reste floue.

Notre rapport aux autres est bien étrange. Les autres sont en face de moi, à la fois incontournables et étrangers. Mais ils sont tout autant en moi à mon insu. Je prends conscience de moi en entendant mon prénom et apprends le monde par des interdits dits ou non dits.

Notre manque de confiance plonge ses racines dans notre nature humaine. Dans l'errance attachée à tous nos pas, physiques et mentaux. Dans la difficulté de distinguer la réalité de la fiction, le danger effectif du péril imaginaire.

Pour l'être humain que je suis, l'inquiétude fait partie de ma texture.

Les racines culturelles de notre manque de confiance

Notre culture occidentale relie notre avènement dans l'univers à une chute.

La Genèse présente notre condition comme la conséquence d'une malédiction divine. Dieu nous créa à son image, conscients, parlants, libres, immortels et invulnérables. Destinés à commander à l'ensemble de l'univers, nous fûmes placés dans le jardin de l'Éden. En ce lieu d'abondance où nous jouissions de tout sans effort, nous avons exercé notre liberté. Nous avons choisi de transgresser l'interdit divin, nous avons goûté au fruit de la connaissance. Pour cette transgression, nous avons été châtiés. Chassés du paradis, condamnés à la mort, à la souffrance et au travail.

Hésiode présente notre condition comme la conséquence d'un déclin sans malédiction. Le dieu Cronos créa successivement cinq races d'hommes. La première, appelée race d'or, fut composée d'hommes bienheureux. Cueillant sans effort les fruits d'une nature généreuse, ils vivaient sans besoins ni tourments. Mortels évoluant sans vieillir, ils mouraient en s'endormant paisiblement. Nous appartenons à la dernière race, la race de fer. Fragiles à l'extrême, nous sommes contraints à travailler pour vivre. Nous sommes accablés de fatigues et de souffrances, consumés par l'angoisse de la mort. Perturbés, de surcroît, par les quelques joies qui viennent interrompre nos peines.

Nos deux sources culturelles, la source juive et la source grecque, ne nous aident pas. Ayant perdu les avantages des dieux sans avoir jamais eu l'insouciance des bêtes, nous tremblons.

La foi déplace les montagnes, dit notre troisième source, la source chrétienne. Nous avons du mal à entendre ce message, trop religieux et trop difficile à capter.

Les racines sociales de notre manque de confiance

Les formidables progrès techniques et sociaux sont ambigus.

L'automobile réduit la durée de nos déplacements tout en nous exposant aux accidents de la route. Le confort et l'efficacité nous rappellent sans cesse le risque d'invalidité et de mort. La prise en charge institutionnelle des personnes en difficulté défait les liens humains. L'amélioration des soins et la commodité nous renvoient à notre solitude.

La contractualisation de toutes les relations impacte notre subconscient. Celui-ci nous suggère que ce qui n'est pas formalisé est menacé de rupture ou de trahison. L'obligation et l'incitation à nous assurer tous risques nous rendent frileux et obsessionnels. En nous poussant à vouloir pour tout des garanties, notre subconscient rétrécit le champ de nos possibles et de nos espoirs.

Le discours sécuritaire tenu par les politiques anesthésie notre conscience. Celle-ci oublie que vivre c'est risquer, et surmonter la mort à tout moment. L'application sans discernement du principe de précaution trompe notre conscience. Celle-ci sécrète l'illusion que la raison peut tout prévoir, prévenir et contrôler.

Notre société véhicule l'opinion que tout accident est anormal. Nous avons oublié qu'il existe des catastrophes naturelles et que la vie est mortelle. Nous croyons que tout ce qui arrive vient de l'homme, maître tout-puissant du monde. Nous portons plainte contre l'État ou le médecin, impuissants à assumer l'incertitude de vivre.

En donnant les pleins pouvoirs à la raison gestionnaire, notre société nous désapprend de vivre. En désapprenant de vivre, je dégrade l'humanité qui est ma seule force et mon seul fond.

Et pourtant…

Sans y penser, nous croyons spontanément à la permanence de notre univers familier. Les catastrophes ne cessent de ravager le monde et de frapper près de chez nous. Mais nous sommes certains de retrouver, tout à l'heure ou demain, notre petit monde : nos proches, notre appartement, notre rue, notre trajet, notre lieu de travail, nos collègues, nos amis.

Sans y prêter attention nous croyons spontanément en l'organisation sociale. Les dysfonctionnements nous agacent en nous incitant à la critique et à la méfiance. Pourtant, nos actes témoignent du crédit que nous accordons aux institutions : nous conduisons nos enfants à l'école, travaillons et faisons appel aux services de l'État.

Sans y prêter attention, nous croyons spontanément à ce que les autres nous disent. Nous savons qu'il existe des menteurs et des escrocs et que les médias nous manipulent. Pourtant, nous croyons souvent nos proches sur parole, consultons sans méfiance le médecin. Nous puisons régulièrement nos infos dans les journaux.

Sans y prêter attention, nous croyons spontanément au sens de l'humanité. Les violences que l'homme fait à l'homme suscitent en nous indignation et sentiment de l'absurde. Pourtant, nous désirons l'amour et l'amitié, et nous tissons des liens de tendresse. Nous mettons au monde des enfants et pensons fortement à leur avenir.

Du fond de l'incertitude irrésorbable de l'existence, malgré nos doutes, nous attestons du fait que rien d'humain ne saurait exister sans confiance.

Rencontres philosophiques

Des idées pour :

garder

acquérir

et développer la confiance en soi

Aristote et la verticalité de l'animal humain

Seul parmi les êtres que nous connaissons, l'homme a quelque chose de divin... Il est le seul être chez qui les parties naturelles sont disposées dans l'ordre naturel : le haut de l'homme est dirigé vers le haut de l'univers. Seul, en effet, de tous les animaux, l'homme se tient droit en ayant la tête dans l'axe de l'univers.[1]

Seul animal à se tenir debout, l'homme a les pieds sur terre et la tête orientée vers le ciel. Libérés de l'orientation unilatérale vers le sol, les yeux apportent vision globale et longue vue. La hauteur et la distance rendent visibles les relations entre les choses. Elles font aussi apparaître l'horizon sur lequel les choses se profilent. La verticalité physique de l'homme fait naître les pouvoirs de la pensée.

Conceptualiser, analyser, synthétiser, problématiser, anticiper, parler, construire ensemble. Ces capacités constituent le *logos*, qui est conjointement parole, relation et raisonnement. Conceptualiser, c'est se représenter mentalement les choses en leur absence. Rendre présent ce qui n'est plus ou pas encore, c'est inscrire la réalité dans le temps. Partager le vécu et les idées, c'est amorcer une coopération qui démultiplie les forces individuelles. Raisonner, c'est relier les idées de manière cohérente pour aboutir à des conclusions pertinentes.

---

1. Aristote, *Parties des animaux*.

Conclure c'est aussi aboutir ; penser conduit à l'action et s'y accomplit. L'exercice de la pensée nous rend nécessairement attentifs au destin des autres et du monde. Ainsi, le *logos* fonde la *cité*, société cimentée par ces règles écrites que sont les lois. Au-dessus des gouvernants et durant par-delà les gouvernements, les lois protègent de l'arbitraire. Régulant les rapports au pouvoir et les relations entre citoyens, les lois réduisent les égoïsmes. La finalité de la société politique n'est pas la simple survie, mais le *bien-vivre* ensemble.

Composée d'êtres pensants qui se transmettent leurs expériences, la cité tient sur des piliers solides. Les cataclysmes et les séismes détruisent les villes, bâties de pierres, de briques et de bois. Ils ne sauraient anéantir ni la pensée de ceux qui survivent ni ce que les défunts ont transmis. La verticalité de l'animal humain fonde la pérennité de la civilisation. Si aucune civilisation n'est immortelle, il y aura des civilisations tant qu'il y aura des hommes.

Le propre de l'humanité est de se relever pour continuer de construire. La pensée est l'apanage de cet animal qui se lève chaque matin.

Garde la tête haute

Souviens-toi que tu n'es pas un vivant comme les autres !

Du fond des âges, la verticalité de ton allure t'appelle à t'élever.

Tes ancêtres les plus lointains ont pu, par la pensée, dépasser leurs besoins.

Ils ont su s'abstenir de boire pour entreprendre une action plus urgente ou plus intéressante.

Ils ont su résister à la faim pour mieux se nourrir plus tard ou pour nourrir quelqu'un d'autre.

Ils ont su rebâtir ce qu'un accident avait mis à terre, pulvérisé ou englouti.

Le dépassement du besoin a fait naître le désir, source de nouveaux dépassements.

Le désir éclairé de pensée est source créatrice et instance constructive.

Du pire des cas, tu peux t'en extraire, provisoirement, par la pensée.

Quelqu'un cherche à t'humilier ? Redresse-toi au-dedans de toi, il ne pourra rien sur toi !

L'être que tu aimais t'a quitté ? Regarde loin, ce qui a été est toujours présent et il t'ouvre l'avenir !

Tu es usé par la routine ? Surplombe ce qui te mine, d'une fenêtre soufflera de l'air frais !

Une guerre ou un ouragan a emporté ta ville ? Rejoins tes frères pour reconstruire ta cité !

Tu es couché sur ton lit, rivé à un fauteuil ? Garde l'esprit vertical, le ciel est ton lieu naturel !

Faire confiance à ton humanité, c'est faire confiance à la vie.

Dans un univers qui s'ignore a émergé la vie, et de la vie un être capable d'observer et de sonder l'univers.

Tu es l'un de ces êtres qui observe et qui sonde, fais-toi confiance !

Du fond des temps, malgré les nuits, les brouillards et les bruits, à chaque instant, j'entends : « Lève-toi, concentre tes forces, marche ! »

À toi lecteur !

Machiavel et l'efficacité de la « virtù »

La fortune est changeante… Elle montre sa puissance aux endroits où il n'y a point de force dressée pour lui résister, et porte ses assauts au lieu où elle sait bien qu'il n'y a point de digues ni de levées pour lui résister… Si elle ne rencontrait pas la virtù, elle poursuivrait son cours sans résistance… Heureux celui qui peut s'accommoder de son temps, malheureux celui qui est en désaccord avec lui.[1]

Ce qui fait l'avantage du Prince, c'est sa vertu

Le Destin n'existe pas, Dieu ne veille pas sur le sens de l'Histoire. La trame des événements est le fait du hasard, par essence capricieux. Les faits sont fortuits car ils dépendent de la *Fortune*[2], qui est comme une rivière. Tantôt torrentielle, elle emporte tout, interdisant la possibilité d'une intervention humaine. Tantôt modérément tumultueuse ou paisible, elle laisse place à la liberté des hommes.

Inventant digues et canaux, les hommes frayent alors leurs propres chemins. Leurs inventions et l'usage astucieux des événements sont le fruit de leur force. L'excellence et le plein exercice de cette force constituent la *virtù*. Celle-ci est la qualité fondamentale du

---

1. Machiavel, *Le Prince.*
2. *Fortuna* est le mot latin pour dire le hasard, porteur indifférent de chances et de malchances.

Prince, elle est vertu princière. Conjointement énergie et virtuosité, la *virtù* est la condition des grandes réalisations.

L'énergie est la force naturelle et constante qui permet de construire dans la durée. L'énergie pousse la chenille à devenir papillon. La virtuosité est le talent, développé par l'exercice, qui maîtrise et manie la complexité. Le violoniste s'exerce à jouer avec grâce et habileté les partitions les plus difficiles. La *virtù* est intelligence claire de l'objectif et utilisation astucieuse des circonstances.

La vertu inspire au Prince le comportement approprié à la situation, toujours particulière. Ce comportement suppose la compréhension rapide des données en présence. Il suppose aussi l'aptitude à saisir le moment opportun, à tirer parti des occasions. Éclairé par une vision non fataliste et non providentielle des choses, le Prince s'adapte. Il utilise ses talents et les circonstances pour arriver à sa fin, qui est d'affermir son autorité.

La vertu du Prince consiste tout autant dans sa conscience de l'inconstance du succès. Dans sa capacité d'affronter l'infortune en attendant que la chance passe à nouveau de son côté.

Puise dans ta force pour saisir ta chance

Tu es prince, dès lors que tu places en toi le principe de ton action.

Placer en toi le principe de ton action, c'est faire appel à ta force, à ton intelligence.

Ta force s'origine dans l'énergie par laquelle, à chaque instant, ton organisme continue d'être.

Ton intelligence surgit, s'aiguise et s'applique dès que tu cherches à établir des liens.

Comme le prince d'un État, tu dois agir sur les choses à chaque fois que tu le peux.

Et tu le peux souvent, car la fortune se montre plus souvent flexible qu'indomptable.

L'imprévu est davantage à attendre qu'à craindre, et l'attendre c'est te préparer à l'inconnu.

Te préparer à ce que tu ne connais pas encore c'est dresser tes antennes, être aux aguets.

Le cœur et l'esprit ainsi affûtés, te voici prêt à saisir l'occasion favorable à tes projets.

As-tu peur d'être cynique ? Mais il dépend de toi de te servir sans nuire à autrui !

Ton souhait de réussir te fait-il craindre l'échec ? Poursuis ton but, tu chasseras tes spectres !

Le contexte te paraît-il embrouillé ? Si tu le lis à partir de ton aspiration, il te fera signe !

Es-tu triste d'avoir manqué ton but ? Reprends-toi, un échec peut cacher une chance invisible !

Es-tu chagrin de ne pouvoir retenir ta chance ? Fais-toi confiance, elle reviendra !

Pendant ce temps, d'autres s'en saisissent ? Réjouis-toi, fais-leur confiance, tu n'es pas seul !

Les caprices de la fortune t'importunent ? Fais confiance à ce qui est instable, car il vit !

L'inconstance de ta confiance te tourmente ? Fais confiance à la vie qui s'agite en toi !

Du fond des tourbillons qui m'entourent et me traversent, j'entends : « Espère car tu es vivant dans un univers en mouvement ! »

À toi lecteur !

Héraclite et l'harmonie secrète du monde

Si tu n'espères pas, tu ne trouveras pas l'inespéré, qui est scellé et impénétrable. Ce qui attend les hommes après la mort, ce n'est ni ce qu'ils espèrent ni ce qu'ils croient. Ceux qui cherchent de l'or remuent beaucoup de terre et trouvent peu. La contrariété est avantageuse. L'érudition n'enseigne pas l'intelligence. Quand même tu parcourrais tous les chemins, tu ne trouverais pas les limites de l'âme, tant elles sont profondément enfouies. Tout s'écoule à la manière d'un fleuve.[1]

Espérer est notre seule chance pour rencontrer ce que notre raison ne peut contenir ni maîtriser. L'inespéré que nous offre l'espoir diffère de tout ce que nous pouvions attendre. Espérer l'inespéré, c'est s'ouvrir à l'avenir incertain sans tenter d'en imaginer les traits. Espérer l'inespéré, c'est croire aux intuitions de notre *logos*, enté sur le *Logos* cosmique. Quitter les opinions trompeuses et l'imagination désirante pour se mettre à l'écoute du caché.

L'opinion promet des au-delà pendant que, ici même, elle incite à chercher la richesse. L'opinion redoute les contradictions, elle y voit désordre et ruine de l'âme. L'opinion aime le stable, elle préfère le repos au mouvement, l'habitude au changement. L'opinion croit qu'un homme peut se connaître, contrôler ses émotions,

---

1. Héraclite, *Fragments*.

orienter son avenir. L'opinion admire les experts, des connaissances bien ficelées la rassurent et lui suffisent.

Notre logos, lui, saisit la face invisible de la réalité sans la capturer dans un savoir. Tout change et s'écoule sans cesse, nous murmure-t-il, l'immobilité est une illusion. Les contrariétés sont opportunités si on sait que c'est le même chemin qui descend et monte. Les contraires coexistent, de leurs tension et combats naît une harmonie invisible. Les connaissances pointilleuses ne donnent pas l'intelligence de la vie, qui est sagesse.

Notre logos nous souffle que le mouvement perpétuel produit un perpétuel renouvellement. L'eau qui compose le fleuve qui garde le même nom passe sans jamais repasser. Le soleil qui s'élève chaque matin dans le ciel est, chaque jour, soleil nouveau. Je suis en devenant autre et ma raison perd le fil, tant le tissu du réel est complexe et mouvant. Comme l'univers, mon âme est un fouillis que je n'aurai jamais fini de parcourir.

Notre logos nous apprend que notre âme, comme la Nature, se dérobe à nos yeux. Ce qui se cache nous fait des signes ambigus, comme l'oracle de Delphes. À nous d'accepter que le réel se cache, à nous de croire en la fécondité du caché. Notre logos nous dit que la vraie richesse est d'affronter la contradiction et les difficultés. À nous de sentir l'un à travers le multiple et, derrière les feux périssables, le feu qui jamais ne s'éteint.

Espérer, c'est croire en l'invisible harmonie du monde. Et penser notre vie comme un cheminement parsemé d'imprévus régénérants.

Espère l'imprévisible

Ce qui est essentiel pour toi est invisible pour tes yeux et inaccessible à tes raisonnements.

Pour autant, tu ne dois ni fermer les yeux ni renoncer à ton désir de connaître.

Tu as à comprendre sans vouloir tout décortiquer et contrôler.

Entre ce que tu comprends et ce que tu acceptes de lâcher s'ouvre une brèche mouvante.

Dans cet entre-deux mouvant jaillit l'espoir ailé, laisse-toi porter.

N'écoute pas ton moi qui, sûr de savoir ce qui est bon pour toi pose ses conditions à l'avenir.

N'écoute pas l'opinion, qui cherche la stabilité au prix d'étouffer le mouvement de la vie.

Ausculte la respiration des choses qui s'écoulent, elle te fera aimer les surprises.

Si tout s'écoule sans cesse, le pénible aussi est de passage.

Si les contraires sont liés, ne délie pas en toi la connaissance rationnelle de la croyance.

Tu formes des projets très précis pour l'avenir ? Tu risques de manquer un imprévu heureux !

Pries-tu pour que ton vœu soit exaucé ? Pourtant, il est possible que tu te trompes de souhait !

Cherches-tu à tout positiver pour séduire le sort ? Mais le négatif a aussi du bon !

Tu préfères t'attendre au pire pour éviter la déception ? Alors, ta rivière aura peu de poissons !

Te laisses-tu vite abattre ? Rappelle-toi que *le soleil est chaque jour nouveau* !

Tu crains la confrontation et le conflit ? Pourtant la tension est le ressort même de l'univers !

Tu es indifférent aux signes ? Allons, l'homme n'est homme qu'en construisant du sens !

Du fond des combats que mènent en moi la pointilleuse raison et la folle croyance, j'entends : « Mets ta raison près du cœur, ton cœur près de ta raison et tu capteras des événements inespérés ! »

À toi lecteur !

Pascal et l'usage de nos moyens de connaissance

N'est-ce pas traiter indignement la raison de l'homme, et la mettre en paral-lèle avec l'instinct des animaux, en lui ôtant la principale différence qui consiste en ce que les effets du raisonnement augmentent sans cesse au lieu que l'instinct demeure toujours en un état égal ? Nous connaissons la vérité non seulement par la raison, mais aussi par le cœur. C'est le cœur, et non la raison, qui saisit les principes. Le dernier acte de la raison est de reconnaître qu'il y a une infinité de choses qui la dépassent.[1]

Nous sommes dotés de deux moyens de connaissance, la *raison* et le *cœur*. La raison est instance d'explication qui cherche à comprendre le fonctionnement de la nature. Elle utilise l'observation et l'expérience, elle repère les liens de causalité entre les choses. En exerçant leur raison, les hommes se transmettent leurs découvertes d'âge en âge. Par cette transmission, ils réalisent de fabuleux progrès techniques et scientifiques.

Le cœur est intuition qui saisit les *principes*, ces racines invisibles de toutes choses. Dieu est le principe de tous les principes et, surtout, l'interlocuteur personnel de l'homme. Dieu est l'origine mystérieuse du temps, de l'espace, du caractère infini des nombres. Ces principes fondent la science qui ne saurait connaître cela même qui la fonde. Le cœur capte ce qui est à jamais inaccessible à la raison.

---

1. Pascal, *Préface au Traité du vide, Pensées.*

Nous avons à éviter deux excès, *n'admettre que la raison, exclure la raison*. Croire en la toute-puissance de notre seule raison, c'est nous couper de nos sources vives. Tantôt la raison s'acharne à tout démontrer, y compris Dieu, pourtant inaccessible à toute preuve. Tantôt la raison se met à douter de tout, y compris de l'intuition de notre propre existence. Se prenant pour critère unique du vrai, elle est dogmatique même quand elle doute.

Mais exclure la raison, c'est nous condamner au délire, à l'évitement et à la régression. C'est laisser libre cours à l'imagination, cette puissance éminemment trompeuse. C'est éviter de penser la complexité de notre condition en fuyant dans le divertissement. Exclure la raison, c'est nous extraire de la chaîne du progrès, qui constitue notre histoire. En somme, tourner le dos à la raison c'est nier notre nature d'homme.

La raison accomplit sa mission en reconnaissant qu'il est une infinité de choses qui la passent. Et c'est alors notre cœur qui nous apprend que nous sommes produits *pour l'infinité*.

Fie-toi à ta pensée

Ta pensée est un mélange de raison et de cœur.

Ta raison a besoin de ta conscience pour t'aider à vivre l'étrangeté de ta condition.

Tu te sais embarqué dans un univers dont tu ne peux pénétrer le mystère.

Ce mystère qui te déborde est aussi le tien, ce mystère t'étreint et son étreinte est angoisse.

Ta raison tantôt fait la clarté qui permet d'avancer et tantôt, en divaguant, égare tes pas.

Ton cœur tantôt s'alimente au mystère et te gonfle d'élan, tantôt se vide et tu sombres.

Criblé de contradictions, tu sais cependant que tu es toi, toi et pas un autre.

Embrouillé, chahuté, tiraillé, tu l'es parce que la condition de l'homme est telle.

La conscience te donne ce savoir qui te situe en te troublant là où il n'y a pas de repos.

Utilise ta conscience pour bien orienter les sources de lumière dont tu es doté.

Ta raison te fait-elle croire qu'elle peut tout ? Rappelle-lui qu'elle ne prévoit que le prévisible.

Ta raison te fait-elle douter de l'amour de l'être aimé ? Mouche-la, l'amour est un mystère.

Ta raison t'invite-t-elle au discernement ? Écoute-la, la confusion porte malentendu et malaise !

Ta raison t'incite-t-elle à apprendre ? Suis-la, l'apprentissage permanent apporte force et joie !

Ton cœur ne sent-il plus rien ? Ne t'affole pas, ce qui a été éprouvé avec ardeur revient !

Ton cœur désespère-t-il de retrouver l'ardeur éprouvée ? Dis-toi qu'il en ressentira une autre !

Crois-tu en Dieu ? Fais appel à ta foi quel que soit le contexte, pense au foyer de ta confiance !

Es-tu incroyant ? Concentre-toi sur ce qui, pour toi, a du sens, la confiance viendra !

Du fond de l'embrouillement, à travers mon mystère, ma contradiction et mon tourment, j'entends : « Cherche ce qui, toi, te relie au miracle de la vie ! »

À toi lecteur !

Arendt et le miracle
de la naissance

Le miracle qui sauve le monde, le domaine des affaires humaines, de la ruine normale, naturelle, c'est finalement le fait de la natalité. C'est parce que chaque homme, du fait de sa naissance, est un « initium », un commencement et un nouveau venu au monde, que les hommes peuvent prendre des initiatives et mettre quelque chose de neuf en mouvement... Et c'est pourquoi aussi que ce à quoi on ne peut pas s'attendre peut pourtant être espéré.[1]

Naître est un miracle qui puise la racine de son mystère dans l'émergence de la vie dans l'univers. L'apparition du premier vivant, l'être unicellulaire, est le produit d'une rencontre improbable. La rencontre de certaines particules inorganiques dans certaines conditions atmosphériques. Alors que les lois physiques ne pouvaient produire la vie, la vie est advenue. Et, par la vie, la réalité de l'improbable est entrée dans le monde.

Chaque individu humain est une improbabilité réalisée. Fruit d'une rencontre diversement aléatoire, un nouveau-né est un être neuf à part entière. Différent des parents dont il est l'enfant, il est unique et irremplaçable. Inattendu dans les traits constitutifs de son individualité, il est imprévisible quant à son devenir. Par la naissance de chaque enfant, du radicalement nouveau arrive dans le monde.

---

1. Arendt, *La Condition de l'homme moderne*.

Cette donnée naturelle irréductible imprime à l'existence humaine son sens. Par le fait de sa naissance, tout être humain peut initier quelque chose qui, sans lui, n'aurait pas été. Par le fait de son esprit, tout être humain peut choisir d'agir au lieu de suivre ordres et préjugés. En assumant ma nouveauté, je prends part au tissage de l'Histoire. Ce qui a commencé sans moi ne sera plus jamais comme avant dès lors que j'aurai engagé une action.

Cette réalité m'oblige à la vigilance. Car je peux aussi bien détruire que construire. Je détruis dès lors que, au lieu d'exercer ma pensée pour comprendre, je me borne à suivre l'opinion de la masse ou à exécuter des ordres. Je contribue à la destruction, dès lors que, au lieu de songer à l'intérêt commun, je poursuis exclusivement le mien propre. Je bascule du côté des forces de la mort dès lors que, au lieu d'agir, je m'englue dans le faire routinier, planifié, aveugle.

Choisir d'agir, c'est me détacher du faire. C'est m'appliquer à comprendre ce qui m'entoure et ce qui arrive. C'est aussi donner ma confiance à l'imprévisibilité des affaires humaines. Engagée dans le cours des choses, mon action prend une tournure que je n'avais pas prévue. Cela incite mon esprit à une nouvelle vigilance. À tout moment, j'ai à penser ce qui advient en me rappelant les forces vives de ma naissance.

Parce que chaque homme introduit son imprévisibilité dans le monde, je peux espérer ce à quoi je ne peux raisonnablement pas m'attendre.

Crois en l'improbable

Par ta naissance, l'éventualité d'un chemin tout neuf a percé dans le monde.

À toi de faire de cette possibilité une réalité, ou de laisser les choses en friche.

Saisis-toi donc de ton avènement en le portant en toi comme un événement exemplaire.

Exemplaire de ton pouvoir d'introduire du nouveau dans un monde vieux de tant de siècles.

Exemplaire de ta responsabilité de créer du nouveau porteur de vie et non de mort.

Exemplaire de ton devoir de ne jamais désespérer face aux puissances de la mort.

Ta naissance t'indique ce que tu peux apporter au monde si tu prends la naissance au sérieux.

Elle te dit aussi la chance engrammée en tout homme, d'initier des événements heureux.

Ton entrée au monde fut-elle douloureuse ? C'est le récit des autres qui le dit, pas toi !

Ton enfance fut-elle malheureuse ? Fais-en un conte, console-toi avec un mythe à toi !

Surtout, ne ressasse pas. Tu es un être en qui souffle l'esprit, non un animal ruminant !

Es-tu accablé des maux que l'homme inflige à l'homme ? Pense et agis au lieu de gémir !

Crois-tu que ton effort ne servira à rien ? Pense à l'effet papillon, déploie tes ailes, lance-toi !

La vie est un miracle et tu es vivant. Fais confiance à la puissance créatrice de la vie !

Mobilise en toi le miracle de ta naissance. Aie confiance, l'inespéré heureux un jour en naîtra !

Du fond de mon commencement, malgré éloignements, égarements et expériences terrifiantes, j'entends : « Parce que tu es venu au monde, fais-toi confiance ! »

À toi lecteur !

Sénèque et la confiance en soi

Il n'est qu'un bien, source et condition fondamentale du bonheur : la confiance en ses propres moyens... Qu'est-ce qui est bien ? Ce qui ne se détériore pas de jour en jour et à quoi rien ne puisse faire obstacle. Et quelle est cette chose ? C'est l'âme, j'entends l'âme droite, bonne et grande. On ne saurait la nommer qu'en disant : c'est un dieu qui s'est fait l'hôte d'un corps mortel. Cette âme peut tomber dans le corps d'un chevalier romain, comme dans le corps d'un esclave... Du plus humble logis, on peut s'élancer jusqu'au ciel. Debout donc.[1]

Se faire confiance, c'est croire en la Nature et en notre nature. La Nature est l'intelligence cosmique qui a donné à chaque espèce les moyens de sa survie. Elle est cette force innée qui fait être chaque être en le rendant efficace. L'efficacité d'un être, c'est sa vertu, elle se confond avec ce qui est bon pour lui. Le bien n'est rien d'autre que ce que la Nature a prévu pour chaque être qui la compose.

La vertu des poissons est leur aptitude à vivre sous l'eau, celle des oiseaux à vivre dans l'air. Le bien des poissons est la mer ou la rivière, celui des oiseaux le ciel. Le bien des hommes est dans l'ensemble des moyens qui leur permettent de s'épanouir. L'âme généreuse est aux hommes ce que l'air est aux hirondelles et l'eau aux dauphins. La Nature nous a dotés de raison comme elle a donné des ailes aux oiseaux.

---

1. Sénèque, *Lettres à Lucilius*, Lettre 31.

La raison est notre nature, la raison est en nous et de nous. La raison est notre moyen naturel de prendre du recul, discerner, évaluer, choisir, réaliser. Pauvres ou riches, romains ou juifs, nous sommes tous naturellement doués de raison. La vertu d'un homme consiste dans l'exercice infatigable du pouvoir naturel de sa raison. Cet exercice est efficace, il nous entraîne à ne pas subir les choses, à rester debout.

À force d'entraînement, tout homme peut acquérir l'*habitude* de s'approprier ce qui lui arrive. L'habitude est une façon d'être constante, une attitude acquise devenue seconde nature. Grâce à elle, nous résistons aux pressions des choses qui ne dépendent pas de nous. Grâce à elle, nous sommes moins vulnérables à nos affects, qui viennent de nous. En prenant appui sur notre nature d'homme, nous activons les leviers de notre liberté.

Ainsi, lorsque nous agissons, nous ne nous laissons plus envahir par l'agitation du monde. Ainsi, nous ne sommes guère troublés par le regard et l'opinion des autres. Ainsi, nous échappons au désir de la vaine gloire et aux frustrations que produit la déception. Ainsi, nous avons le courage de mourir, car la mort nous prive de vie et non de liberté. Ainsi nous accédons à la *sécurité* intérieure que tout être vivant naturellement recherche.

Me faire confiance est l'acte fondateur du soin que je dois à ma nature d'homme. Ce soin fortifie la confiance en moi et en fait une richesse imprenable.

Crée ton assise en toi-même

C'est en toi que tu dois construire ton assise.

Aucune assurance extérieure ne te met à l'abri de la mort, de l'accident, de la souffrance.

Le statut social, l'argent ou la gloire ne sauraient te doter de réelle assurance.

Détourne-toi des vendeurs de certitudes, ils te pompent l'air en te vendant du vent.

Méfie-toi des flatteurs, ils t'enlèvent à toi-même en te volant ton temps.

Saisis-toi de ton pouvoir naturel et ouvre un espace entre le monde et toi.

Dans cet espace, fabrique-toi un fauteuil[1] et assieds-toi.

Recense les difficultés que tu as surmontées : voici les quatre pieds.

Repère les leviers qui te font agir : tu tiens des ressorts du siège.

Croise les leçons que tu as tirées de l'expérience : voilà les accoudoirs.

Recense les joies et tendresses éprouvées : tu as l'étoffe pour tapisser.

Et mes chagrins, mes inhibitions, mes déceptions, mes échecs ? Assieds-toi, prends-les sur tes genoux : leur poids te gênera moins !

Et le regard des autres, leurs allusions, leur mépris ? Laisse-toi un peu aller, assoupis-toi : les rêves naîtront de toi et chasseront les hantises !

Mais comment tenir en place quand tout le monde s'agite et me pousse hors de moi ? Au milieu de la tourmente dans laquelle tu es pris, la pensée de ton fauteuil te reposera !

Car ce fauteuil, situé en toi, se déplace avec toi.

Car ce fauteuil, qui est de toi, est la seule chose qui est à toi.

Du fond de moi, sans échapper à l'accident et au tourment, j'entends : « Fais-toi confiance, la nature t'aidera ! »

---

1. Le mot fauteuil désignait à l'origine un siège pliant que l'on emmenait avec soi.

À toi lecteur !

Descartes et l'estime de soi

Ainsi je crois que la vraie générosité[1], qui fait qu'un homme s'estime au plus haut point qu'il se peut légitimement estimer, consiste en ce qu'il connaît qu'il n'y a rien qui véritablement lui appartienne que cette libre disposition de ses volontés, ni pourquoi il doive être loué ou blâmé sinon pour ce qu'il en use bien ou mal, en partie en ce qu'il sent en soi-même une ferme et constante résolution d'en bien user, c'est-à-dire de ne manquer jamais de volonté pour entreprendre et exécuter toutes les choses qu'il jugera les meilleures.[2]

Estime et mépris sont d'abord des opinions que nous avons sur la valeur des choses. Mais ces opinions deviennent des *passions*[3] dès lors qu'elles imprègnent fortement notre âme. La passion est ce qui, venant du monde extérieur à travers notre corps, nous trouble et tend à nous rendre passifs. Éprouver des passions, c'est subir nos opinions et, à travers elles, ce qui ne vient pas directement de nous.

Parmi les passions, il en est certaines que nous avons tendance à ne pas reconnaître comme telles. C'est le cas de l'estime et du mépris, qui peuvent porter autant sur autrui que sur nous-même. Nous

---

1. Le mot générosité vient du grec *gennaios*, qui signifie noble, de bonne naissance, courageux, et *dorein*, qui signifie donner. Générosité est de même racine que genèse. L'étymologie indique le caractère spontané, voire inné, de la générosité : venant directement du fond de l'être l'individuel, elle est ouverture qui relie aux autres.
2. Descartes, *Traité des passions de l'âme*.
3. Pour les philosophes classiques, le mot passion est synonyme de sentiment.

croyons que l'estime et le mépris sont seulement des opinions, car il y est question de la valeur des choses. Pourtant, le mépris et l'estime peuvent devenir forts au point de générer en nous tristesse ou joie. L'estime de soi est la joie éprouvée à la reconnaissance de notre valeur.

Ma valeur est dans l'usage de mon libre arbitre, puisque c'est lui qui fonde mon humanité. Étant homme, je suis doté de libre arbitre, en tant qu'individu j'exerce ce pouvoir en choisissant. Ma valeur personnelle consiste à vouloir et à agir éclairé avec discernement. La ferme et constante résolution à vouloir et à agir ainsi coïncide avec la liberté.

La générosité naît de ma liberté, l'exprime et la renforce. La générosité vient de ma volonté d'entreprendre les choses que je juge les meilleures. Elle traduit la confiance que m'inspire mon pouvoir de décider et d'engager des actions fidèles à ce que je pense. Elle génère en moi une évaluation favorable de moi-même, qui me donne l'estime de moi-même. Cette estime fonde ma certitude de pouvoir, en toute circonstance, actualiser mon essence d'homme.

Satisfaction intérieure, fierté d'accomplir ce qui me fait homme, la générosité me remplit de l'amour joyeux de ma propre valeur telle que ma liberté la construit.

Ancre ta confiance dans l'estime de toi

Dépendant de ton environnement, tu es souvent inattentif à cette servitude.

Entraîné par tes ardeurs, tu te laisses souvent porter sans y penser.

Pourtant, il est des moments où, te dédoublant, tu méprises ta dépendance.

Pourtant, quand tu agis sous la pression d'un autre, tu es peu fier de toi après.

À ces moments et dans ces situations, précisément, tu souhaiterais être toi-même.

Et, quand tu compares les actions de tes semblables, ce sont les actes libres qui ont ton estime.

L'image du héros qui traverse les âges est celle d'un homme qui agit par lui-même.

L'estime va à la capacité qu'a l'homme d'être à l'origine de ce qu'il entreprend.

Es-tu troublé d'être en conflit avec toi-même ? Mais c'est ta liberté qui se dresse en toi !

Es-tu accablé de faire ce que tu ne veux pas ? Mais il dépend de toi de vouloir autrement !

Tu es triste d'être le subordonné d'un autre au travail ? Mais le vrai chef, ta tête, elle est à toi !

Es-tu abattu par ton enfance malheureuse ? Maintenant que tu es adulte, c'est à toi de te relever !

Le régime politique t'empêche d'exprimer ce que tu veux ? Le choix de l'attitude t'appartient !

Du fond de mes lâchetés protéiformes, malgré ma pénibilité de demeurer constant, j'entends : « Entreprends tout ce dont tu es capable, ainsi tu estimeras en toi l'homme libre et courageux ! »

À toi lecteur !

II.

Vivre le temps

Approche philosophique du temps

Ce qu'il semble être

En quoi il est le cœur de notre humanité

Pourquoi il nous tourmente

Le temps ?

Impossible de tenir le temps[1] dans une définition, par essence il se dérobe.

Le soleil, les étoiles, les saisons, les jours reviennent, nous ne revenons jamais en arrière. Entre le retour permanent de la nature et l'irréversibilité de nos vies, le contraste est troublant. Nous appelons temps la conscience de notre passage dans un univers qui demeure. Cette conscience est inquiète : sans retour, notre passage peut s'arrêter à tout moment.

En passant, nous avons besoin de coopérer pour assurer notre survie. Pour travailler, il nous faut des repères pour réunir, ordonner et coordonner nos actions. La position du soleil, l'ombre projetée sur le cadran solaire, nous servent de référents. Ce marquage qui, arrêtant nos pas, régule nos rencontres est un autre genre de temps.

Pendant que nos vies vont sans revenir, nous répétons certains actes pour pouvoir vivre. Tout en poursuivant sa fuite, le temps de nos existences est comme retenu par le temps social. En marquant les heures, nos montres nous imposent un emploi du temps. Employé, le temps de nos existences nous semble moins fugitif.

---

1. L'étymologie latine de *tempus* est probablement *tepor*, et ce mot désigne la tiédeur des raisins chauffés par le soleil. La racine nous renvoie aux effets du soleil dans un climat méditerranéen et, plus largement, à la température, ambiante ou interne. Ce renvoi, en situant le temps à la fois dehors et dedans et en le reliant à des sensations heureuses, nous invite à en cueillir les fruits. La confusion faite entre le mot grec pour dire le temps, *chronos*, et le dieu Cronos qui mange ses enfants, nous envoie du côté de la destruction et de la mort. Les deux horizons s'entremêlent, inéluctablement. À nous d'utiliser l'horizon ténébreux de la mort pour mieux sentir les couleurs de la vie.

Les instruments du temps[1] nous rassurent en nous détournant de nous-mêmes. Ils nous donnent l'impression de devenir, comme les astres, des êtres qui reviennent régulièrement.

Le temps au pluriel

Et pourtant…

Le soleil lui-même ne reviendra pas toujours. Les sciences nous apprennent que, comme nous, notre univers passera. Les réalités durent plus ou moins, mais toutes les durées sont limitées. Le temps du rocher n'est pas celui du papillon, ni le nôtre.

Et nous sommes les seuls êtres au monde à avoir la représentation de cela. Notre pensée nous projette dans ce qui n'est plus et ce qui n'est pas encore. Nous évoquons mentalement le passé et l'avenir, et cette évocation a lieu au présent. Pour un être pensant, présent, passé, avenir sont les trois volets du temps.

Temps qui ne passe pas ou qui passe trop vite : notre présent ne se réduit pas à l'instant. Vécus réels et vécus imaginés : notre passé dépend des fantaisies de notre mémoire. Événements probables et faits imprévus : notre futur, toujours imaginé, n'est jamais certain. Et l'âge, la circonstance ou l'humeur font que les temps du temps nous plaisent ou nous blessent.

Temps de l'univers, temps de la vie, temps vécu, temps pensé, le temps est pluriel et divers. L'omniprésence de cette réalité protéiforme habite, en la hantant[2], notre pensée.

---

1. Cf. Ernst Junger, *Le Traité du sablier*. Tout instrument est à double tranchant : il nous apporte une aide en nous outillant, mais peut nous rendre dépendants ; il peut nous instruire comme il peut nous instrumentaliser ; l'instruction, mot de la même racine, nous permet d'user des instruments sans nous y asservir.
2. Les mots habiter et hanter ont, au départ, la même signification même si leurs racines sont différentes : l'une latine (de *habeo* = avoir / *habitatio* = ce que l'on a, lieu que l'on conserve), l'autre scandinave (de *haim* = lieu fréquenté). Ce qui nous habite nous hante. À nous de renverser la relation en apprivoisant ce dont nous ne pouvons nous séparer.

Le Temps divinisé

Le temps est en nous, tissant les fils visibles et invisibles de notre existence.

Poussières d'étoiles, nous n'existons qu'en résistant à l'usure, en durant. Notre durée est tissée des changements successifs qui se produisent en nous et par nous. À notre insu, notre organisme assure notre persévérance dans l'être, à notre insu nous respirons. En le sachant, nous constatons ou provoquons en nous des transformations.

Tous les temps sont à l'œuvre en nous à tous les niveaux de notre être. Dépassés par ce qui nous fait être en nous faisant passer, nous tentons de comprendre. Et si le temps était une Force extérieure, située au-dessus de la Nature et de nos vies ? Et si le Temps était une Puissance absolue dont nous serions les jouets[1] ?

Divinisé, le Temps se rapproche du Destin qui fixe, irrévocablement, le cours des événements. Ainsi lié à la Fatalité[2], le Temps se trouve associé à la Mort, fait inéluctable et prédictible. Mais comme, en attendant de mourir, nous vivons, le Temps est aussi la Vie. Hors de nous, le Temps nous conduit, vivants, à la mort.

Le Temps est la marque de mon impuissance car, quoi que je fasse, je ne peux agir sur lui. Quoi qu'il arrive, et quelle que belle soit la route, nous allons là où nous ne voulons guère aller.

---

1. Héraclite : *Le temps est un enfant qui joue aux échecs : royauté d'un enfant !* Shakespeare : *L'homme est le bouffon du temps.* Baudelaire : *Le temps mange la vie.*
2. Le mot fatalité vient du verbe latin *for/fari*, qui signifie dire, énoncer ce qui était inconnu. Est fatal, d'abord ce que nous pouvons prédire avec certitude, ensuite la mort, enfin le malheur que nous associons d'une manière ou d'une autre à la mort.

L'humanité du temps

Le temps est coextensif à notre conscience, il est le cœur de notre humanité.

L'homme est homme parce qu'il ne peut vivre dans l'immédiat. Malgré lui, il retient mentalement ce qui n'est plus et le projette dans ce qui n'est pas encore. Il compare les mouvements qu'il perçoit, trouve les uns plus lents, les autres plus rapides. Il sent des changements en lui, il se saisit à la fois changeant et non changeant. Être conscient, c'est, justement, savoir que « je » suis le même à des moments différents.

Mon identité se construit au fur et à mesure que je relie mes changements à un repère invariant. Exister, c'est savoir que je suis tel que le cours des choses et mes actions me changent. Intuition de moi en devenir, la conscience me livre la temporalité de mon être. Le temps est inscrit dans la relation de l'homme au monde et inscrit l'homme dans le monde. L'homme se relie à ce qui est en déroulant le fil du « avant », « pendant », « après ».

Chaque homme est enfant de son temps, il vit l'évolution de son époque. Chaque homme est l'enfant de ses parents, il vit aussi les temps qui furent les leurs. Chaque homme passe d'un âge à un autre, à côté d'autres hommes d'âges différents. Mais chaque homme est aussi l'enfant du moment, car il vit sa vie au présent.

La présence du temps dans la conscience fait de l'homme un vivant qui se représente le monde. Cette représentation lui offre la chance de pouvoir inscrire ce qu'il est et fait dans la durée.

Les raisons de notre tourment

Étoffe de notre conscience, le temps est en nous comme une voile de navire agitée par le vent.

Le présent est toujours déjà passé, la réalité de mon demain n'est jamais assurée. Mes souvenirs tremblent et me troublent, les heureux s'estompent, les malheureux s'obstinent. La part d'imprévu l'emportant sur la part prévisible, l'avenir s'ouvre devant moi en abîme. Mon existence, devenant au fil de son propre temps, est elle-même fil qui ne tient qu'à lui-même.

Mais ce que je fais ne peut pas être défait, mes actes me suivent. Mais ce que je serai dépend beaucoup de ce que j'entreprends, mon être actuel tisse mon futur[1]. Mais l'incertain de l'avenir laisse le champ libre au meilleur et au pire. Mais à mon existence si fragile, je m'attache et m'accroche, confondant attachement et maîtrise.

Quand je regarde en arrière, je ne peux rien changer, le devenir ne repasse pas. Quand je regarde en avant, presque tout est possible, l'à venir n'est pas écrit. L'irréversible du devenu charge ma conscience de nostalgie, de regret ou de remords. L'incertain de l'avenir charge ma conscience d'inquiétude, qui est crainte et espoir mélangés.

Le temps est notre tempête[2] intérieure, il est notre *intranquillité*[3] fondamentale et irréductible. Conscients de devenir dans un monde qui devient, nous ne pouvons ni nous poser ni nous reposer.

L'amplification culturelle de notre tourment

Notre pensée a retenu la face sombre de nos sources hébraïque et grecque.

La Bible introduit d'emblée le temps, qui indique l'ordre de la création du monde. Cet ordre est dans les journées qui se succèdent,

---

1. Le mot futur vient du passé simple du verbe latin *sum*, qui signifie je suis. Cette racine signale le lien indéchirable entre ce que j'ai été et ce que je serai si je continue d'exister.
2. Ce n'est pas un hasard si le mot français tempête est de même racine que le mot temps…
3. L'expression est de l'auteur portugais Fernando Pessoa, qui a écrit *Le Livre de l'intranquillité.*

apportant chacune une nouvelle œuvre. Cet ordre est irréversible, ce qui est créé est créé. Et ce qui est choisi ne peut être dé-choisi, ses conséquences sont aussi irrévocables. D'une irrévocabilité fatale, puisque le choix du premier homme initie un autre genre de temps. Celui d'une succession liée à l'usure dans tous ses aspects. La fatigue pour gagner son pain, le minage psychique de la culpabilité, la dégradation du corps. La rédemption, annoncée au bout de l'aventure, coïncide avec la fin des temps. Le tourment est désormais inscrit, indélébilement, dans le temps et l'histoire.

Les Grecs ont du temps une vision cyclique cosmique et historique. L'histoire de l'univers et des hommes est, à leurs yeux, composée de phases, qui reviennent. Le cataclysme qui marque la fin d'un cycle en annonce un nouveau, où tout recommence. Les choses n'ont pas de fin, elles deviennent et reviennent éternellement. Par contre, l'individu, lui, ne revient pas et il le sait. La mort emporte tout, dans Hadès[1] il y a tout au plus des ombres errantes. Achille préfère être un pauvre paysan en vie plutôt qu'un roi dans le royaume des morts. La brièveté de la vie est, pour les Grecs, la chose la plus triste au monde. Nous avons hérité des Grecs cette tristesse-là, oubliant que, par-delà nous, le temps repasse.

Les lis des champs et les oiseaux du ciel ne se soucient pas du lendemain, dit l'Évangile. Nous avons du mal à nous mettre dans la chair des fleurs et des oiseaux… Mais réduisant nos sources grecque et juive en une seule, nous lions le temps à l'usure et à la mort. Soucieux de gagner notre pain dans une vie très courte, nous croyons devoir gagner du temps.

Le conditionnement social actuel

Notre rapport personnel au temps dépend aussi de la manière dont la société a convenu de le traiter.

---

1. Hadès est le dieu de la mort et aussi du lieu des morts. Son nom signifie l'invisible. Pour un Grec, ne pas voir et ne pas être vu signifie ne pas exister.

La société appelle temps le comptage de la durée des différents mouvements. Ce comptage est effectué par un instrument qui, par son mouvement régulier, fournit le repère. L'invention du comptage signale que notre vie n'est pas seulement courte, mais aussi comptée. Le degré de précision du comptage influe fortement sur notre perception du passage. La vie passe plus lentement avec un sablier qu'avec une montre quartz.

Le travail est plus efficace quand ses mouvements sont décomposés, pour être mieux coordonnés. La société gagne en production en affinant à l'extrême le comptage des actes productifs. En allant très loin dans ce sens, notre société a encombré notre tourment initial d'une obsession. Nous appliquons à nos existences les mesures mécaniques de l'économie, elle-même subordonnée aux convulsions quantiques des pouvoirs financiers. Nous transformons le flux continu de nos vies en mouvement discontinu et saccadé.

Ainsi, nous suspendons le temps de nos vies au temps de travail, heures travaillées ou congés. Ainsi, nous comptons sans cesse notre vécu en termes de pertes et de gains. Nous jugeons plein le temps où nous faisons, vide le temps où nous ne faisons rien. Et nous faisons plein de choses pendant nos vacances pour les remplir. Comme si la vie était un récipient, alors qu'elle est évolution créatrice.

En étant pressés quand même rien ne nous presse, nous vivons oppressés. Mais nous préférons l'oppression à l'oisiveté[1], car elle nous détourne du tourment de la mort.

---

1. L'étymologie latine de l'oisiveté est intéressante : *otium* désigne le repos, la tranquillité, par opposition à *negotium*, qui signifie l'agitation de celui qui s'affaire pour participer à la vie économique.

RENCONTRES PHILOSOPHIQUES

Des idées pour :

vivre

penser

aimer le temps qui passe

Simone Weil et notre relation contradictoire au temps

Le temps fait violence, il est la seule violence. Un autre te ceindra et te mènera là où tu ne veux pas aller ; le temps mène où l'on ne veut pas aller. Qu'on me condamne à mort, on ne m'exécutera pas si, dans l'intervalle, le temps s'arrête. Quoi qu'il puisse arriver d'affreux, peut-on désirer que le temps s'arrête ? Tous les problèmes se ramènent au temps.[1]

Mouvement ininterrompu et irréversible, le temps est une agression. En nous conduisant de force à la mort, il se dresse comme un mur entre la vie et nous. En nous menant vers un avenir inconnu, il contrarie notre désir de maîtriser les choses. Le temps est la figure de la Nécessité. La Nécessité est ce qu'il est impossible de changer. Le temps est la marque la plus forte de notre finitude.

Notre rapport au temps révèle la contradiction constitutive de notre condition. Nous rêvons de suspendre le temps, et pourtant son arrêt signifierait encore la mort. Nous rêvons d'être immortels, et tout nous rappelle notre mortalité. Nous désirons le bien et faisons le mal, nous désirons aimer et restons rivés à notre égoisme. Attirés par ce qui dépasse notre nature, nous restons enlisés.

Le temps nous subordonne aux lois de la pesanteur alors que notre âme a besoin d'un ailleurs. Cette subordination nous livre soit à l'illusion soit à la souffrance, soit aux deux à la fois. Pour échapper

---

1. Simone Weil, *La Pesanteur et la grâce.*

au vide de la mort et au vide du futur, nous imaginons attentes et immortalité. Nous fuyons le temps en nous dérobant au présent : « j'ai fait », « je ferai » évacue « je vis ». Pourtant, quand une souffrance présente est extrême, notre imagination s'arrête, nous sommes cloués.

La douleur insupportable et le désespoir nous enferment hors de toute représentation du temps. Le malheur nous contraint à reconnaître comme réel ce que nous croyions impossible. Mais en concentrant notre attention sur cette contrainte, nous faisons advenir ce qui nous délie. Le malheur nous rive au présent, il suspend notre conscience du temps sans en suspendre le cours. Mais en concentrant notre attention sur cette contradiction, nous découvrons ce qui nous illumine.

Le temps déchire l'âme qui ne peut ni le supporter ni le fuir ; *par cette déchirure entre l'éternité.* L'éternité, le surnaturel, Dieu : autant de mots pour dire la grâce ineffable qui peut nous arriver.

Accepte la contradiction

Aime ce qui est dans sa tragique nécessité.

Ce qui ne peut être changé, accepte-le dans sa brutale réalité.

La contradiction est au cœur de ton être, ne la fuis pas, ne te fuis pas.

En t'entraînant, en t'usant et en te tuant, le temps travaille en toi la vie, c'est ainsi.

Quand le malheur frappe à ta porte, n'oublie pas qu'il ouvre une porte.

Le temps te séparera de ceux que tu aimes, aime sans désirer l'immortalité.

Détache-toi de ta mémoire si elle t'enchaîne à des choses révolues.

Détache-toi de l'attente, elle couve toujours une déception.

Méfie-toi de ton horreur du vide, car elle attire le leurre.

Tu es accablé par l'absurdité d'une vie que le temps use ? Assume le non-sens, reste là !

Tu n'en peux plus de l'opacité du monde ? Dis-toi qu'il n'y a pas d'aurore sans nuit !

Tu n'en peux plus du silence du monde ? Pourtant, ce qui se tait te donne la liberté d'écouter !

Tu n'en peux plus des difficultés qui se succèdent ? Prends-les une par une, comme elles viennent !

Tu es accablé par les contradictions qui t'écartèlent ? Mais cette tension-là fait l'être humain !

Le malheur te vole le temps de vivre ? Prends ton malheur par la main, il te guidera !

Tu souffres de la maladie qui, minant ton présent, te mène à la mort ? Aime la vie qui meurt !

Du fond de moi, sans évacuer la réalité du malheur, j'entends : « Aimer la vie, c'est aussi aimer le temps qui conduit à la mort, car la vie n'est vie que parce qu'elle est mortelle. »

À toi lecteur !

Arendt et les remèdes à l'irréversibilité

La rédemption possible de la situation d'irréversibilité, dans laquelle on ne peut défaire ce qu'on a fait, c'est la faculté de pardonner. Contre l'irréversibilité, contre la chaotique incertitude de l'avenir, le remède se trouve dans la faculté de faire des promesses. Ces deux facultés vont de pair : celle du pardon sert à supprimer les actes du passé, l'autre sert à disposer, dans cet océan d'incertitude qu'est l'avenir, des îlots de sécurité.[1]

Ce que chacun d'entre nous a d'unique se révèle dans ses paroles et dans ses actions. Parler et agir procède du noyau de notre individualité singulière, et ce noyau est notre pensée. Par la pensée, l'individu se retire du monde pour le voir avec les yeux de son esprit. Par la parole et l'action, il revient au monde et y rencontre d'autres êtres parlants et agissants. L'humanité est cette pluralité d'êtres uniques, parlant et agissant dans l'espace et le temps.

Embarquées dans le cours irréversible de la temporalité, actions et paroles sont des faits avec effets. Le fait est dans la parole dite et l'action qui a eu lieu : ce qui est dit est dit, ce qui est acté est acté. Les effets viennent de la rencontre avec d'autres faits et effets : ainsi, les événements ne sont pas prévisibles[2]. Sujets parlants et agissants,

---

1. Arendt, *La condition de l'homme moderne*.
2. La part de prévisibilité est, tous comptes faits, assez faible et l'Histoire nous a clairement montré qu'un fait estimé insignifiant pouvait changer la face du monde.

nous sommes pris entre le passé figé et l'avenir incertain. Situation paradoxale et intenable, que d'être coincé entre l'irrémédiable et l'immaîtrisable.

Situation humainement invivable que d'être marqué au fer rouge pour avoir mal dit ou fait. Situation humainement invivable que d'être au bord d'un avenir dépourvu de toute continuité. Pour supporter l'irréversibilité de nos fautes, nous avons besoin de l'existence du pardon. Pour supporter l'incertitude de notre futur, nous avons besoin de faire des promesses. Pardonner et promettre sont les deux actes parlés qui lèvent l'insupportabilité du temps qui passe.

Le pardon et la promesse dépendent de la présence des autres et de l'action d'autrui. Je ne peux me délier moi-même, mon isolement me voue au remords et à la rumination. Mais il est formidable qu'un autre puisse, sur ce que j'ai fait, passer l'éponge, panser le chagrin, ouvrir la porte. Je ne peux m'engager seul, tout engagement suppose au moins deux volontés. Mais il est formidable qu'avec un ou plusieurs autres je puisse définir les conditions d'une relation durable.

Sans le pardon, nous resterions prisonniers de nos actes et de leurs conséquences. Sans la promesse, nous errerions esseulés et sans but dans un devenir sans histoire.

Libère le temps des pièges qu'il te tend

Ta parole exprime imprévisiblement ce que tu as d'unique.

Laisse-toi surprendre, ne crains pas l'imprévu qui émerge de toi.

Ta parole te relie imprévisiblement à d'autres êtres uniques.

Accueille leur surprise, rencontrer les autres, c'est cela.

Ton action est un nouveau commencement qui part de toi.

La grâce des commencements est en toi, sois un infatigable recommençant.

À peine posée, ton action t'échappe, ses effets vont comme les vagues de la mer.

Pourtant c'est par cette imprévisibilité que ton esprit reste en éveil.

En parlant et en agissant tu prends en marche le train de l'Histoire.

Ce que tu engages à partir de toi s'inscrit dans l'histoire des hommes pour toujours.

Que cette inscription attise ton courage.

Parle au lieu de te taire, agis au lieu d'exécuter ou de subir, du sens en jaillira.

Incarne ta pensée, construis avec les autres, du sens commun en naîtra.

Le dommage que tu as subi t'obsède ? Désirer ou acter la vengeance ne délivre pas de l'obsession !

La faute que tu as commise te tourmente ? Parle au lieu de ruminer, demande vraiment pardon !

Tu crains de te tromper ou d'être abusé ? Détends-toi, cela arrive, mais ce n'est pas une fatalité !

Tu sais que la faute peut être levée ? Pense à ce que tu dis et fais pour éviter la faute !

L'éventuelle trahison te hante ? Bâtis une part d'avenir sur la parole mutuellement donnée !

L'éventuelle séparation t'angoisse ? Ne crains pas de t'engager avec ceux que tu estimes !

Du fond de moi, par-delà les risques liés à toute initiative, j'entends : « Fais de la temporalité propre aux affaires humaines l'espace d'une liberté créatrice d'un sens ouvert aux autres ! »

À toi lecteur !

Bergson et la vitalité de la durée

La durée est le progrès continu qui ronge l'avenir et qui gonfle en avançant. Du moment que le passé s'accroît sans cesse, indéfiniment aussi il se conserve… Le passé se conserve de lui-même, automatiquement. Tout entier, sans doute, il nous suit à tout instant : ce que nous avons senti, pensé, voulu depuis notre première enfance est là, penché sur le présent qui va s'y joindre… De cette survivance du passé résulte l'impossibilité, pour une conscience, de traverser deux fois le même état.[1]

Le temps que marquent nos horloges n'a rien à voir avec le temps de notre vie, le temps vécu. Le temps vécu est passage continuel d'un état à un autre, état qualitativement différent. Le temps vécu est cette poussée par laquelle nous résistons à l'usure en nous renouvelant. Le temps vécu est notre passé persistant intégralement, et recomposé par chacun de nos présents. De fait, ce que je vis maintenant, en transformant ce que ma mémoire a conservé, recrée mon passé.

La durée est à la fois l'ensemble de mon passé recréé et l'avancée ininterrompue de ma conscience. Tout ce que j'ai vécu est en moi, substance indélébile, richesse imprenable, qui ne cesse de grandir. Ce trésor imprenable s'élance en avant et grossit du présent qu'il ramasse sur sa route. Ma durée est mon étoffe existentielle, se tis-

---

1. Bergson, *L'Évolution créatrice.*

sant au fur et à mesure que ma conscience vit et se vit. Plein d'un passé qui se conserve en se modifiant, je ne vis jamais deux fois le même état.

Je suis tel que chaque événements du présent me change. Ainsi mon présent m'ouvre sur l'avenir en recomposant mes souvenirs. Ma durée est l'expérience de ma présence intense à l'histoire qui me caractérise et me fonde. Elle est l'expérience de la succession ininterrompue et imprévisible de mes états de conscience. Ma durée est mon rapport absolument singulier et personnel au monde de la vie, dont je suis.

Mais il m'arrive d'oublier ce que je suis, de compter mon temps en jours et en heures. Cet oubli me fait sombrer dans l'ennui, l'acte connu ne me surprend plus, il devient routine. Cet oubli me plonge dans le tourment, de changement émerveillant ma vie devient simple passage. Détourné de ma durée, me voici happé et haché par le temps social, axé sur la production utile. Détourné de ma durée, je cherche à me réaliser dans l'espace, ce qui est impossible.

Car, pour l'être conscient que je suis, exister consiste à changer, changer à se mûrir. Se mûrir, c'est se créer indéfiniment soi-même en vibrant au mouvement de sa propre durée.

Mise sur la création indéfinie de ta propre durée

Traversé par l'élan de la vie, tu n'es pas ballotté, mais porté.

Porté par l'élan de la vie, tu as en toi la force qui surmonte les obstacles.

Le changement, c'est la vie, la vie est à aimer et non à craindre.

Suis la ligne ondulante de ta propre vie, épouse avec confiance son mouvement.

Scintillant de ton passé, grouillant de ton avenir, tu es un arc-en-ciel vibrant.

Ta conscience est un pont coloré entre toi et toi, écoute-la.

Ce que tu as vécu est là prêt à t'aider, avec toi tu n'es jamais seul.

Tu es le condensé de tout ton passé, ta boussole est en toi.

Au fond de toi, tes souvenirs les plus profonds sont un réservoir d'eau fraîche et limpide.

En toi, allant et venant, tes souvenirs récents sont une rivière qui passe sans passer.

Le temps en toi est détente, le temps des horloges est tension.

Consulte ta montre dans ta vie quotidienne sans te laisser griffer par ses aiguilles.

Arrange-toi avec le temps social, mais ne dérange pas le temps de ton for intérieur[1].

Es-tu anxieux du temps qui passe ? Tant que tu es en vie, rien d'essentiel n'est usé !

Es-tu triste de ton corps qui vieillit ? Sois-lui reconnaissant d'avoir pris les plis de ton histoire !

Tu ne sens pas la richesse de ta durée ? Prends-t'en à ton manque d'attention, non à ta durée !

Souhaites-tu sentir l'épaisseur de ton être ? Quitte les surfaces, plonge dans ton fonds !

Cette plongée te donne le vertige ? Dis-toi qu'on a le vertige face au vide, non face au plein !

Du fond de moi, malgré les pressions qui me portent à vivre à la surface de moi-même, j'entends : « Le temps, c'est ta vie qui chemine en amassant des merveilles sur sa route. »

---

1. Le mot est de même racine que le terme latin *forum*, qui désigne l'espace libre, puis l'espace où circulent les citoyens et où sont prises les décisions relatives au bien commun. Notre lieu intérieur est celui où nos pensées vont et viennent, engageant ce que Platon appelle *le dialogue silencieux de l'âme avec elle-même.*

À toi lecteur !

Pascal et notre fuite devant le temps

Nous ne nous tenons jamais au temps présent. Nous anticipons l'avenir comme trop lent à venir, comme pour hâter son cours ; ou nous rappelons le passé, pour l'arrêter comme trop prompt : si imprudents, que nous errons dans les temps qui ne sont pas nôtres, et ne pensons pas au seul qui nous appartient ; et si vains, que nous songeons à ceux qui ne sont rien, et échappons sans réflexion au seul qui subsiste. C'est que le présent, d'ordinaire, nous blesse. Nous le cachons à notre vue parce qu'il nous afflige ; et s'il nous est agréable, nous regrettons de le voir s'échapper.[1]

Pleins de contradictions, nous leur tournons le dos au lieu de les affronter. Nous préférons les ignorer et en pâtir plutôt que de les penser. Nous sommes mortels, et irréductibles à notre mortalité ; perfectibles, et sujets à des régressions. Dépendants de nos besoins et des autres, nous sommes emplis de désirs d'indépendance. Crédules et méfiants, lâches et téméraires, sensibles aux petites choses et insensibles aux grandes.

La contradiction est inscrite dans notre être, qui la sent au moment même où il s'en détourne. D'instinct notre être fuit la pensée de sa condition, d'instinct il sait que la fuite ne donne pas le bonheur. La jonction de ces deux instincts contraires fait naître

---

1. Pascal, *Les Pensées.*

en nous un projet confus et paradoxal. Nous cherchons la sérénité à travers l'agitation, nous fuyons l'angoisse en nous faisant peur. En arrière-fond se jouent notre effroi de mourir et notre désir de vivre éternellement.

Notre contradiction indéracinable se traduit aussi dans notre relation au temps. Notre agitation nous porte sans cesse hors de ce que nous sommes en train de vivre. Cet hors du présent est un hors de nous-même, puisque nous existons toujours au présent. Notre raison anticipe et rétrospecte, notre imagination s'impatiente et regrette. Et le présent passe pendant que nous passons.

Nous renvoyant à notre insu au caractère éphémère de notre vie, le présent nous attriste. Quand nous en sommes heureux, nous regrettons de ne pouvoir en suspendre le passage. Malheureux, nous voulons en précipiter le cours, imaginant un avenir meilleur. Quand nous agissons, nous subordonnons notre présent à l'objectif que nous visons. Dans tous les cas, nous transformons notre présent et notre passé en moyen en vue de l'avenir.

Ainsi, au lieu de vivre maintenant, nous remettons notre vie à plus tard. Et, vidant notre présent de sa sève, nous créons un vide que l'angoisse s'empresse de combler.

Chasse l'angoisse inutile

Libère-toi des évasions qui t'éloignent du sens de ta propre vie.

Notre époque produit de vaines anxiétés puis promet de les « gérer ».

On t'incite à agir en « mode projet » comme si tu étais une entreprise à produire.

Il te faut, en effet, entreprendre ta propre vie, mais cela est une tout autre chose.

Notre société calque l'exister sur le travailler et le faire, or travailler et faire sont des moyens pour vivre.

On y martèle que la prévision est qualité précieuse, que vivre au jour le jour c'est imprudent.

Mais comment peux-tu voir à l'avance si demain tu seras sauf et sain comme aujourd'hui ?

Dans le travail, tout est moyen en vue d'objectifs, l'efficacité en est la loi.

Ton existence, elle, n'est pas un moyen mais une fin.

À tout moment, ton existence est son propre but, jusqu'au jour où elle prendra fin.

Au travail aussi, l'atteinte de ton objectif dépend de ton acte présent.

Pour tout et partout, le présent est la seule chose sur laquelle tu puisses agir.

Es-tu oppressé d'être là où ton désir n'est pas ? Clarifie ton désir et reste là si tu ne peux partir !

Es-tu oppressé de ne pas voir grandir tes enfants ? Ne leur vole pas le présent que tu leur dois !

Ne sais-tu pas quels sont les présents volés ? Mais ce sont ceux où tu t'agites au lieu d'être !

Ne sais-tu pas ce qu'être veut dire ? Être, c'est être présent au présent sans s'agiter !

Es-tu impatient de voir arriver les vacances ? Que tu es pressé d'arriver à la fin de tes jours !

Tu remets à ta retraite ce que tu aimes tant déjà ? Ainsi retires-tu de toi ce que tu aimes !

Tu renonces à ta joie actuelle pour une joie future ? Demande-toi quel est ton dieu !

Du fond de ma compulsion à vivre sans vraiment vivre, pris entre regrets et projets, j'entends : « Chasse les angoisses superflues pour affronter celles qui font le sens de ton existence ! »

À toi lecteur !

Sénèque et la qualité de la vie

Il n'est pas vrai que nous avons peu de temps, mais nous en avons déjà beaucoup perdu... Nous n'avons pas reçu une vie brève, nous l'avons faite telle... Ce qui fait la vie brève et tourmentée, c'est l'oubli du passé, la négligence du présent, la crainte de l'avenir ; arrivés à l'extrémité de leur existence, les malheureux comprennent trop tard qu'ils se sont, tout ce temps, affairés à ne rien faire.[1]

La vie est courte pour qui calcule en nombre d'années le passage d'un individu sur terre. Comparé à la durée des rocs et des mers, le temps d'une vie est d'une vertigineuse exiguïté. Cette perception quantitative du temps de la vie est aberrante et tourmentante. Aberrante, car elle applique à la vie humaine une mesure qui lui est étrangère. Tourmentante, car elle fait croire qu'une vie ne suffit pas pour satisfaire tous ses désirs.

Comptée en heures, la vie devient du temps déjà perdu et un vide à meubler. L'individu comptable du temps s'affaire donc pour se désennuyer[2] en s'occupant. S'affairer, c'est se remplir de choses

---

1. Sénèque, *De la brièveté de la vie.*
2. Ennui vient du mot latin *odium*, qui signifie la haine. L'ennui désigne une chose détestable qui nous arrive. Cette chose pouvant venir du dedans comme du dehors, l'ennui comporte plusieurs significations. Il désigne : a) Le chagrin profond, l'abattement, la détresse. b) Le tracas causé par un événement extérieur. c) L'état de celui qui, ne trouvant aucun intérêt à la situation présente, se morfond. Celui qui s'ennuie est prisonnier de la détestation de ce qui lui arrive – ou de ce qui ne lui arrive pas, et cette détestation est, au fond, adressée à lui-même.

étrangères et se chercher dans ce qui ne vient guère de soi. L'homme affairé, dépensant son énergie à faire, soumet sa vie au pas et au regard des autres. Impuissant à s'arrêter de faire ce que d'autres attendent, l'homme affairé passe sa vie à se fuir.

Or la vie humaine ne se compte pas, elle se pense et elle se vit. Pensée, elle se révèle plus vaste que l'existence individuelle, étendue sur des siècles écoulés. Les penseurs et les sages du passé se tiennent près de nous et nous encouragent à penser. Penser, c'est choisir des amis parmi les penseurs du passé et dialoguer avec eux. Penser, c'est partager avec ses contemporains et transmettre aux générations futures.

Ce qui importe, ce n'est pas la longueur, mais la qualité d'une existence. La qualité d'une existence vient des sens que nous construisons pour la mener et pour la vivre. Mener ma vie, c'est en rester le maître, quand même je suis obligé d'accepter des contraintes. Vivre ma vie, c'est trouver la consistance en moi sans jamais me replier sur moi. Ma consistance se construit avec les liens que je tisse avec tous ceux qui m'aident à mieux vivre.

Il ne s'agit pas de fuir le monde, mais de ne pas se fuir soi-même. Il s'agit de servir son époque de son mieux en mettant son bien à l'abri des turpitudes du monde.

Vouloir la densité

Ta vie est éphémère, fais-lui hommage en la rendant très dense.
Tu es soumis aux pressions d'un travail nécessaire et de plus en plus pressant.
À ton travail s'ajoute un quotidien de plus en plus débordant à la fois de routine et d'imprévus.
Sollicité de toutes parts, tu es de plus en plus dispersé et morcelé par une masse d'informations.
Tenté par les apparences d'une société de spectacle, tu es de plus en plus soucieux de paraître.

Si les jardins disparaissent autour de toi, tu dois créer en toi un merveilleux jardin secret.

Un jardin plein de fruits à transmettre aux générations futures.

Aussi chargé sois-tu de travaux et de devoirs, tu peux ne pas te laisser écraser.

Plus tu te laisses presser, plus on te mettra la pression.

Si tu te laisses emporter par les vents, ton poids finira par être celui d'une plume.

En toi, se creusera un vide sans fond que tu n'arriveras plus à remplir.

Il ne s'agit pas de mépriser ton époque, mais de ne pas en faire ton centre de gravité.

Il ne s'agit pas de te retirer de la vie publique, mais de bien peser tes décisions d'homme public.

Tu es débordé par ton incapacité de dire non ? Refuse l'inutile au nom de la qualité de ta vie !

Tu es harcelé par un patron qui ne se supporte pas ? Énonce et pose tes limites, ne rumine pas !

Tu es entraîné par d'autres à te divertir à l'excès ? Ne gaspille pas ce qui t'appartient !

Es-tu déçu par le monde politique ? Mais il est le miroir de ce que tu deviens !

Tu te sens impuissant à changer le monde ? Fais ce qui dépend de toi, le monde en a besoin !

Tu as peur de décider dans un environnement opaque ? N'ajoute pas à l'obscurité par abstention !

Tu es las de transmettre dans le vide ? Accepte de semer ce que tu ne récolteras pas !

Du fond de moi, en dépit des sirènes qui m'éloignent sans cesse de moi-même, j'entends : « C'est ce qui est éphémère qui mérite de durer ! »

À toi lecteur !

Augustin et la puissance de la mémoire

Ce n'est pas user de termes propres que de dire : « Il y a trois temps, le passé, le présent et l'avenir. » Peut-être dirait-on plus justement : « Il y a trois temps, le présent du passé, le présent du présent, le présent du futur. » Car ces trois sortes de temps existent dans notre esprit et je ne les vois pas ailleurs. Le présent du passé, c'est la mémoire ; le présent du présent, c'est l'intuition directe ; le présent du futur, c'est l'attente... D'où il résulte que le temps n'est rien d'autre qu'une distension de l'âme.[1]

L'expérience de ce que nous nommons le temps est, pour nous, ce qu'il y a de plus évident. Nous sentons notre vie comme un mouvement, allant du présent au passé, s'ouvre sur l'avenir. Nous avons l'impression que le temps passe, et que les choses se meuvent dans le temps. Le temps passe pour nous, puisque notre passé grandit pendant que notre futur s'amenuise. Le temps ne passe pas pour les choses, car c'est nous qui mesurons la durée de leur mouvement.

À la réflexion, notre expérience la plus évidente s'obscurcit. Le passé n'est plus, l'avenir n'est pas encore, le présent à peine là n'est déjà plus. À la réflexion, ce que nous appelons le temps est une réalité qui tend à ne plus être. Étrange réalité qui n'existe que dans l'instant sans durée du présent. Et pourtant, cette réalité étrange est notre expérience humaine fondamentale.

---

1. Augustin, *Les Confessions*.

Sans doute nous faut-il orienter notre regard du dehors vers notre dedans. Le passé existe dans notre mémoire, il peut y rester enfoui comme il peut être appelé. Notre avenir existe dans notre attente, qui peut être comblée ou déçue par le présent à venir. Notre présent est dans notre intuition de ce qui est là, dehors ou dedans. En somme, le temps est le mouvement même de notre âme qui se tend et qui s'étire.

Mon âme se confond avec ma mémoire, cet antre spirituel où je me rencontre moi-même. En elle sont contenus tous mes anciens présents, tous mes sentiments, tous mes rêves. En elle je puise les liens entre ceci et cela pour comprendre, et pour aller vers autre chose. Grâce à elle, je médite passions, actions, événements, révolus et à venir, faits et à faire. Le temps, c'est ma relation actuelle et dynamique avec les trésors de ma mémoire.

Ma mémoire, ce *sanctuaire d'une ampleur* infinie fait ma force, et cette force c'est Dieu en moi. En moi gît une force infiniment plus grande que moi, où je me ressource, inépuisablement.

Puise le temps en toi

En vain cherches-tu à connaître le temps par ta raison, il lui échappe.

Ton effort rationnel pour expliquer le temps dissout celui-ci.

En nommant trois temps, ton langage dit faux et vrai à la fois.

Faux, car le passé, le futur et le présent n'ont pas de réalité propre.

Ce que tu nommes présent, c'est la présence des choses à ton attention.

Vrai, car il se passe des choses et il t'arrive des événements.

Ce que tu appelles temps, c'est ta relation aux traces, en toi, de tes présents.

Le temps advient en même temps que les tensions et les gonflements de ton âme.

En attente, en détresse, se souvenant, oubliant, ton âme vit d'impatiences, de regrets, d'espoirs.

Elle vit ainsi, parce qu'elle fait un avec ta mémoire, qui à la fois enregistre et interprète.

Ses enregistrements sont temps vécu condensé, tes interprétations sont temps vécu maintenant.

Tu crois mesurer le temps ? Mais ce sont des intervalles que tu mesures, pas le temps !

Tu veux gérer ton temps ? C'est sur tes sentiments que tu as à agir, non sur le temps !

Le temps te paraît long ? Cherche un souvenir ou fais un rêve qui captive ton attention !

Le temps te semble filer trop vite ? À toi de te promener lentement dans ta mémoire !

Crains-tu de vivre au passé ? Impossible, le souvenir que tu rappelles vit au présent !

La répétition te fait peur ? Rappelé, le souvenir du même événement est à chaque fois différent !

Du fond de moi, en écartant les vaines prétentions de ma raison, j'entends : « Chacun de tes présents tombe dans l'éternité, car rien ne peut faire qu'il n'ait pas été ! »

À toi lecteur !

Eliade et les deux faces du temps

L'homme religieux vit dans deux espèces de temps, dont la plus importante, le temps sacré, se présente sous l'aspect paradoxal d'un temps circulaire, réversible et récupérable, sorte d'éternel présent mythique que l'on réintègre périodiquement par l'intermédiaire des rites... Le temps profane est la durée temporelle ordinaire dans laquelle s'inscrivent les actes dénués de signification religieuse.[1]

Loin des réflexions sur le temps, nos ancêtres distinguaient spontanément deux sortes de temps. Le temps ordinaire, quotidien, fait de travaux et d'actes et de rapports utilitaires de production. Le temps extraordinaire, festif, consacré à la célébration du divin, composé d'actes rituels. À chacun de ces temps correspondait un espace, et ces deux espaces étaient séparés. Le lieu du temps extraordinaire était le temple, le temps ordinaire se déroulait hors du temple.

Nos mots pour désigner ces deux temps respectent leurs espaces et fonctions respectifs. Le *temps profane*[2] signifie le temps qui se déroule hors du temple, lieu de la révélation. Le *temps sacré*[3],

---

1. Eliade, *Le Sacré et le Profane.*
2. *Fanum* est le terme latin pour désigner le temple. Le terme « profane » vient de *pro*, qui signifie devant, et du verbe grec *phaino* qui signifie apparaître à la lumière.
3. La racine latine de sacré, *sacer*, signifie conjointement ce qu'il est interdit de souiller et ce qui, touché, peut souiller. Cette origine signale l'ambivalence attachée au sacré : le sacré est à la fois fascinant et repoussant, purifiant et contaminant.

voué aux dieux, se déroule dans un lieu qu'on doit protéger de la souillure. Le temps profane suit un mouvement irréversible, que seul le temps sacré peut suspendre. Le temps sacré interrompt le cours temporel en reliant les hommes à l'éternité des dieux.

Le *temps profane* est celui des répétitions fatigantes, subordonnées au souci de vivre. Le temps du quotidien use et mène à la mort, il rappelle que nous sommes poussière. Le temps sacré est celui des rites régénérateurs, symboliques du temps cyclique. Le temps du cosmos est perçu comme un éternel retour de l'acte originel de sa création, temps sacré, qui préfigure l'immortalité. L'alternance de ces deux temps est condition de santé psychique et de cohésion sociale.

Notre société a *désenchanté*[1] le monde en se laissant envahir par le temps profane. Nos jours fériés et nos congés sont calqués sur notre temps de travail. Nous sommes presque toujours en train de « faire », rarement en lien avec le mystère du réel. Nos fêtes religieuses elles-mêmes obéissent à l'horloge et vides d'exaltation. Nous restons prisonniers du temps sans cesse compté qui nous mène à la mort.

Privés de temps sacré, nous sommes privés des liens dont nous avons vitalement besoin. Car, croyants ou pas, que nous le voulions ou pas, nous sommes des animaux religieux[2].

Réintroduis le temps sacré dans ta vie

Pris dans un monde qui se transforme en marché, tu vis constamment exposé.

Exposé à la vitesse de disparition des produits, aux cycles de vie de plus en plus courts.

---

1. L'expression *désenchantement du monde* est du sociologue Max Weber.
2. Pour Platon, *l'homme est un animal religieux*.

Exposé à l'irruption du travail dans ton temps libre, accessible sans cesse et partout.

Exposé, durant tes loisirs, à l'activisme, tenté d'y faire un maximum de choses.

Exposé, alors même que tu vas te recueillir, à une religion qui suit l'air du temps.

L'air du temps est insalubre, car il a horreur de tout ce qu'il estime improductif.

L'air du temps est insalubre car, te poussant à faire toujours, il empêche le recueillement.

Or se recueillir c'est cueillir des fruits intemporels, miroirs du disque doré du soleil.

Trouves-tu nos ancêtres primitifs ? Renier le primitif en toi c'est te couper de ta source vive !

As-tu peur de t'arrêter ? Attention, à force de courir tu accélères le moment de la fin !

Tu estimes impossible la suspension du temps ? Le temps s'arrête dès que tu vis intensément !

Tu puises ton intensité dans ton hyperactivité ? Mais tu creuses toi-même le puits de ton angoisse !

Tu reçois tes amis très simplement ? N'oublie pas de célébrer leur présence par des rituels !

Tu crois qu'anges et lutins ne sont plus ? Dresse tes antennes, ils sont partout !

Du fond de moi, malgré le fracas des trompettes du monde profane, j'entends : « Le temps que tu prends pour célébrer le mystère dont tu viens et que tu es est un hors temps apaisant ! »

À toi lecteur !

III.

Être avec les autres

Approche philosophique des autres

Qui est l'autre

Comment nous le découvrons

Ce que vivre ensemble veut dire

L'autre ?

L'autre est un individu[1] humain comme moi, qui est distinct de moi.

L'autre est mon semblable car, comme moi, il appartient à la catégorie des êtres humains. Comme moi, il est doté d'affectivité, de conscience, de la faculté de parler et de penser. Comme moi, il a besoin des autres pour parler, prendre conscience, penser. Comme moi, il est un exemplaire unique de l'espèce humaine et il n'existera qu'une fois.

L'autre est distinct de moi car, comme moi, il a des traits qui lui sont absolument propres. Du dehors, on le distingue de tous les autres et, ce qu'il vit, personne d'autre ne peut le vivre. Distinct, l'autre est séparé et de ce fait toujours situé à une autre place physique que moi. Je ne peux prendre la place d'un autre sans le déplacer, ou le tuer.

La séparation est une donnée irréductible de l'individualité, qui est aussi altérité. Notre naissance nous sépare de la mère, notre mort nous sépare du monde des vivants. Le long de notre vie, nous cheminons séparément de ceux que nous fréquentons. Cette situation est à la source de notre solitude fondamentale.

Chacun d'entre nous est un autre pour tous les autres. Génétiquement unique, il réagit autrement aux situations, évolue dans des milieux différents. Chacun a son caractère, son histoire, sa culture, son expérience, sa façon d'évoluer. Et cet être unique qu'est chacun est, dans son noyau, inaccessible.

Les mots de la langue commune traduisent nos sentiments et pensées en les trahissant.

---

1. La racine du mot individu signale l'indivisibilité : un individu est une unité à prendre comme telle. Le mot grec est *atomon*, d'où la théorie physique des atomes, ces particules indivisibles en raison de leur taille minuscule.

La découverte des autres

Au départ, chacun est englué dans lui-même et dans ses besoins vitaux.

La distinction entre l'environnement et soi vient progressivement et passe par les autres. Les premières satisfactions éprouvées et limites rencontrées signalent la présence des autres. Présences qui nous appellent par un signe, toujours le même, qui est notre prénom. Présences qui nous apprennent comment passer de l'animalité à l'état d'homme.

Petit à petit, nous reconnaissons certains proches par les fonctions qu'ils remplissent pour nous. Puis, nous mettons des mots sur les choses, et nous distinguons entre les objets et les personnes. Nous appelons nos proches par leur prénom et sentons que chacun d'entre eux est distinct. Enfin, nous faisons des phrases qui commencent par « je ».

La découverte de soi comme un « je » est contemporaine de celle de l'autre en tant que tel. Avant nous étions tous des « ils »[1] indifférents, maintenant nous sommes des « je » différents. L'autre m'apparaît comme un « autre moi » qui me résiste parce qu'il a d'autres désirs. L'autre m'apparaît à la fois comme un moyen et comme un obstacle à mes désirs.

Ma découverte de l'autre qu'est chaque humain que je rencontre est par essence ambivalente. L'autre existe pour moi dès que, d'une façon ou d'une autre, j'ai une relation avec lui. Mais cette relation est suspendue à la distance infinie de notre séparation irréductible. Et cette relation sur fond de séparation fait que le connu se profile sur fond d'inconnu.

Cet autre incontournable est d'emblée et en même temps un autre embarrassant.

---

1. Cf. Kant, *L'Anthropologie philosophique.*

La découverte de l'autre

Découvrir qu'il y a des choses et des autres dans le monde n'est pas encore découvrir un autre.

Pour aller des ressemblances aux différences, il est nécessaire de traverser plusieurs écrans. Comprendre que cet être-là est ma mère, ce n'est pas encore découvrir cet individu qui est aussi ma mère. Pour découvrir une personne dans ce qui fait sa singularité, il me faut retirer certains de mes voiles à moi. Car je ne peux rencontrer l'autre dans sa différence si j'avance masqué.

C'est très difficile, car je ne suis pas maître de tous mes masques. À côté de ce que, délibérément, je cache, il y a ce que j'ignore de moi sans le cacher. Ce que j'exprime en conscience est traversé de courants inconscients, dont je sens le bruissement. Confusément troublé, je crains d'être surpris autant par l'autre que par moi-même.

Souvent nous préférons le détour, qui passe par la connaissance générale d'autrui. Autrui est le concept qui désigne le fait d'être autre, ce qui est le cas de tous les autres. Les théories psychologiques nous proposent des clés pour comprendre l'humain, donc l'autre. L'inconvénient est que nous n'avons jamais affaire qu'à des cas particuliers, à des exceptions qui échappent à la norme.

L'inflation actuelle des approches psychologiques risque de nous éloigner de chaque autre. À chacun de choisir entre la surface rassurante et le choc de la rencontre. Rencontrer l'autre, c'est se heurter à l'énigme de sa différence et à l'autre qu'on porte en soi. Ce heurt est un risque doublé de chance, la chance d'enrichir de l'altérité.

À défaut de pouvoir découvrir tous les autres, nous pourrions tenter d'en rencontrer quelques-uns.

Le monde humain

Nous croisons en permanence une pluralité d'autres, et tous ces autres constituent le monde humain.

Fondamentalement seuls, nous ne pouvons survivre ni vivre isolés. Notre existence d'homme inclut impérativement la relation aux autres. L'enfant sauvage est en deçà de l'humanité, les animaux qui l'ont entouré n'étaient pas des autres. Sans les autres, miroirs, compagnons et adversaires, nous ne devenons pas des individus humains.

Être ensemble, être avec les autres, est donc notre intérêt primordial. La racine latine du mot « intérêt » le dit bien, *inter esse*, être entre nous[1]. C'est ce qu'Aristote exprime en affirmant que *l'homme est un animal politique*. Et c'est ce que le déclin du politique est en train de nous faire dangereusement oublier.

Parce que nous sentons l'État impuissant face à la lame de fond du marché, nous nous replions. De notre repli naît l'individualisme[2], l'intérêt porté à soi seulement, l'indifférence aux autres. Nous visons notre développement personnel, ignorant que celui-ci passe par le monde et les autres. Nous visons notre bonheur privé, ignorant que notre bien-être dépend du bien-vivre en société.

Le bien-vivre exige des relations humanisantes entre les uns et les autres et pour tous. Respecter autrui est la condition du respect de soi et du respect des autres envers nous. La responsabilité vis-à-

---

1. Cf. H. Arendt, *La Condition de l'homme moderne*. La *condition humaine*, différente de la *nature humaine* qui est soumise aux lois biologiques, implique certaines conditions d'existence. La première de ces conditions est ce que les Romains appelaient le *inter homines esse* (être parmi les hommes, être avec les hommes) : cette condition signifie que, pour transcender le processus biologique, les hommes ont besoin à la fois de se rassembler autour de règles communes et de se distinguer les uns des autres par leurs actions.

2. La terminaison *isme* qui accompagne les concepts forgés par des théoriciens, comporte toujours une confusion, un excès ou un travers. L'individualisme est un courant de pensée qui pose que tout individu humain a « naturellement » droit à la liberté : la théorie des droits de l'homme puise sa racine là. Mais l'individualisme caractérise aussi une société qui accorde aux individus une place primordiale : le libéralisme économique promeut les intérêts particuliers. Enfin, l'individualisme de notre société a pour revers le déclin de la solidarité et l'érosion du tissu social : l'indifférence à l'égard d'autrui en est la manifestation.

vis des autres est la condition de leur responsabilité vis-à-vis de nous-même. L'engagement pour un monde humain meilleur est engagement pour les autres connus et inconnus.

Nous avons à assumer notre condition, *cette paradoxale pluralité d'êtres uniques*[1].

Le privé et le public

Indivisible, l'individu vit simultanément dans deux domaines distincts, le privé et le public.

Le privé[2] est la sphère de la vie intime, celle où l'État et le travail n'ont pas accès. L'intime[3] concerne la vie de notre corps et nos sentiments, et tout ce que nous gardons pour nous. Si la famille est une catégorie sociale réglementée, notre vie de famille est une réalité privée. Quant à l'amour, il relève du cœur, qu'il soit ou non passé par la mairie, c'est-à-dire marié.

Le public[4] est la sphère de la collectivité sociale, celle qui se trouve régie par des lois communes. Le public concerne notre vie de citoyen et toutes les actions qui ont des conséquences sur les autres. Le travail, activité rémunérée par laquelle chacun participe à la vie économique, relève du domaine public. Que j'aime ou non mon travail, cela n'intéresse pas la collectivité, qui veut seulement que le travail soit fait.

---

1. Cf. H. Arendt.
2. Le mot « privé », de même racine que « privation », signifie littéralement ce qui est privé de la dimension publique (considérée d'emblée comme plus importante : car sans régulation des relations interindividuelles, limitation des égoïsmes et définition d'un intérêt commun, il n'y a pas d'existence humaine possible).
3. Il est intéressant de noter que l'intime vient du latin *intimus*, qui est le superlatif d'intérieur. Intérieur extrême, l'intime se laisse difficilement pénétrer.
4. Le mot « public » est à associer immédiatement à la publicité et à la publication. La visibilité, l'accès à tous, caractérise tout ce qui relève de ce domaine.

Nous rencontrons les autres dans les deux domaines, et le domaine modifie nos relations. L'autre collègue, collaborateur ou patron n'est pas l'enfant, l'époux, l'amant. Quand les domaines se mélangent, nos relations souffrent de confusions. L'intime porté dans la part publique de notre vie s'expose au soupçon ou à la malveillance. Le public porté dans la part privée de notre vie nous expose à l'ennui ou au souci.

La question, pourtant, est la même partout : rencontrer l'autre et le considérer. Chercher l'humain au-delà de sa fonction, évaluer ses actions en respectant sa personne. Aller avec ce que j'ai d'unique à la recherche de l'autre homme, prendre le risque du choc. À moi, à lui, à nous deux de tracer à chaque fois le seuil que le dévoilement doit ou non franchir.

Autres les uns pour les autres, nous sommes des personnes en tout et partout.

Autrui à travers les sources de notre culture

La réalité unique, différente, imprévisible d'autrui entre par le biais de la pensée juive. Dieu y est présenté comme un Dieu unique et une personne qui parle, pense, crée, aime et châtie. L'homme y est présenté comme à l'image de Dieu, une personne unique qui parle, crée, ressent. Entre Dieu et chaque homme, s'établit une relation interpersonnelle intense. Dieu interpelle chaque individu par son nom et le tutoie. La relation entre chaque homme et Dieu est celle d'un « Je » en face d'un « je », un « Je-Tu ». Si l'homme est à l'image de Dieu, Dieu est le Tout Autre, l'Altérité absolue. Éternel, immatériel, invisible, Dieu englobe par son regard l'ensemble de l'Histoire. Temporel, mortel, visible, aveugle face à l'avenir, l'homme se débat entre la matière et l'esprit. Il entend la voix de Dieu lui dire : « Relie-toi à ton prochain comme tu te relies à ton Dieu. Tiens compte du fait que l'autre est un mystère, comme tu l'es, toi, pour l'autre. Et, si tu ne peux le faire, alors, abstiens-toi de le tuer. Car si tu le tues, tu supprimes en même temps la possibilité de le rencontrer à l'avenir. »

Pour les Grecs, l'autre est mon semblable. Par nature dotés de parole et de réflexion, les hommes se reconnaissent comme des êtres de *logos*. Par le *logos*, ils trouvent des objets d'intérêt commun et dépassent les conflits d'intérêt. Certes, ils peuvent user de leur *logos* pour démolir l'un les arguments de l'autre. Certes, ils peuvent se battre jusqu'à la mort, substituant à la raison la démesure de leurs passions. Mais il reste un horizon de similitude qui maintient un lien de familiarité. Chaque individu reconnaît son semblable même chez celui qui est sorti de ses gonds. Et tous imaginent qu'il est possible à chacun d'exprimer tout ce qu'il pense par les mots. L'autre, avec un A, c'est l'Étranger, appelé barbare car il parle une langue incompréhensible. Mais le barbare devient semblable dès qu'il se met à parler grec. La question, pour un Grec, ce n'est pas la différence irréductible d'autrui. Pour un Grec, la question est : « Aime-t-on celui qui nous ressemble ou aime-t-on celui qui, par son caractère et ses goûts, est différent de nous ? *L'alter ego* qu'est l'autre pour un Grec, nous plaît-il parce qu'il est *ego* ou parce qu'il est *alter* ? »

Aime ton prochain comme toi-même, dit l'Évangile, fondant cet amour dans l'amour de Dieu. Aime-toi, le divin est en toi, car le divin est dans le cœur de chaque autre, enfant de Dieu comme toi.

Nos trois sources offrent une belle clarté : uniques, avec un fonds impénétrable et incommunicable, nous avons à prendre appui sur ce qui nous est commun pour nous relier et pour nous découvrir.

RENCONTRES PHILOSOPHIQUES

Des idées pour :

penser

comprendre

rencontrer les autres

Nietzsche et le faux amour pour l'autre

L'un va vers son prochain parce qu'il se cherche, l'autre parce qu'il voudrait s'oublier. C'est votre mauvais amour de vous-même qui fait de votre solitude une prison… Vous ne savez pas vous supporter vous-même et vous ne vous aimez pas assez : c'est pourquoi vous voudriez séduire votre prochain par votre amour et vous dorer de son erreur… Je vous enseigne l'ami créateur qui a toujours un monde achevé à offrir.[1]

Notre morale, inspirée par une certaine lecture des Évangiles, nous a dit d'aimer notre prochain. Elle nous a enseigné un altruisme fondé sur l'abnégation, les privations, le don de soi. Notre éducation, issue de cette morale, nous a dressés à pratiquer la politesse. Elle nous a appris à soigner les formes jusqu'à redouter toute relation qui ne porte pas de gants. Notre rapport à autrui a été pétri d'une charité sans générosité et d'un respect sans courage.

À notre solitude d'individu unique, notre culture a donc ajouté ressentiment et esseulement. Notre altruisme, envenimé de frustrations, a peu de sympathie, au fond, pour ses destinataires. Au demeurant, nos manquements à l'altruisme nous donnent mauvaise conscience et nous accusent d'égoïsme. Entre notre sécheresse et notre culpabilité, nous voici bien seuls pour porter le poids

---

1. Nietzsche, *Ainsi parlait Zarathoustra*.

de notre moi. Alors, nous allons vers les autres pour y déverser notre trop-plein de confusion amère.

Nous recherchons donc la compagnie des autres pour nous fuir nous-même. Plus radicalement, nous prenons pour amis ceux qui nous confortent dans nos faiblesses. Nos confidences vont à ceux qui nous ressemblent, ainsi sommes-nous sûrs de ne pas nous rencontrer. Nous accueillons en miroir la bonne image que, trompé par nous et par lui-même, l'autre nous renvoie de nous. Nous tenons la duperie pour relation, l'évitement pour rencontre et le mensonge pour amitié.

Pour sortir du cercle du serpent qui se mord la queue, il nous faut un sain égoïsme. Aimer en nous le désir de créer quelque chose de plus grand que nous-même. Aimer en l'autre ce qui le porte à s'aimer en aimant ce qui le dépasse. Aimer ceux qui débordent de richesses en étant prêt à accueillir ces autres débordants. En fait, ce qui est aimable, en moi et en l'autre, c'est le *lointain*.

Le lointain, l'Autre, c'est le *Surhumain*, ce qui dépasse l'homme façonné par les morales hypocrites. Le lointain, c'est un être qui affirme inconditionnellement les forces créatrices de la vie.

Aime-toi toi-même pour rencontrer l'autre

Tu es l'enfant d'une culture et cette culture parle en toi en deux voix.

« Le moi est haïssable » dit la première voix, prêchant un curieux altruisme.

« Fais-toi plaisir » dit la seconde voix, prêchant un étrange hédonisme.

Entre ces deux voix, te voilà bien avancé.

Si tu te détestes tu n'aimes personne, si tu n'aimes que ton plaisir tu aimes le plaisir seulement.

Si tu donnes avec la grimace du devoir, tu fais la grimace à l'autre.

Si tu donnes pour être content de toi, tu finiras par peser sur l'autre.

Si tu cherches l'autre pour ne pas être seul, tu es indifférent à l'autre et craintif de toi.

Mais si tu vas vers l'autre avec le désir de rencontrer en lui l'inconnu, tu t'enrichis.

Et si tu cherches l'autre parce qu'il est meilleur que toi, tu grandis.

Vouloir grandir, c'est vouloir l'avènement d'une humanité meilleure.

Tu crains le face-à-face avec toi-même ? Choisis un autre qui te confrontera à toi !

Tu as peur du face-à-face avec autrui ? Sois pour l'autre le détour qui le ramène à lui-même !

Cherches-tu l'autre pour être conforté ? Un homme est là pour mûrir, non pour être consolé !

Cherches-tu l'autre pour construire des leurres ? Un château de cartes s'effondre d'un souffle !

L'autre est pour toi un simple contemporain ? Pourtant, c'est avec lui que, dès maintenant, l'avenir se construit !

Après moi, le déluge, dis-tu ? Attention, l'eau monte déjà !

Du fond de moi, à travers ma difficulté de m'aimer moi-même, j'entends : «Va vers les autres sans te fuir, accueille leur étrangeté, aime ce qui, d'eux et de toi, vous conduira plus loin ! »

À toi lecteur !

Kant et le respect d'autrui

L'amour est une affaire de sentiment, non de volonté, et je ne peux pas aimer parce que je le veux, encore moins parce que je le dois (je ne peux être forcé à l'amour) ; par suite, un devoir d'aimer est un non-sens... Mais faire le bien par devoir, alors qu'il n'y a pas d'inclination pour nous y pousser, et même qu'une aversion naturelle et invincible s'y oppose, c'est là un amour pratique et non pathologique, qui réside dans la volonté. Cet amour est le seul qui puisse être commandé. Il s'agit du respect... Le respect est un sentiment moral qui s'applique toujours aux personnes.[1]

L'amour est un penchant irrationnel, et les sentiments ne se commandent pas. Faire du bien à l'autre parce qu'on l'aime est un plaisir qu'on offre à soi. Le bien qu'on fait à l'autre par amour de Dieu suppose la foi que tout le monde n'a pas. Le sentiment de l'amour ne peut fonder une éthique des relations humaines.

Or, dans nos rapports avec les autres, nous sommes tenus de ne pas faire n'importe quoi. Il nous faut donc chercher en nous un autre ressort que l'amour, un ressort qui résiste à nos penchants égoïstes. Nous découvrons ce levier quand nous nous imposons de faire ce que nous n'avons pas envie de faire. Dire non à un penchant, c'est faire l'expérience du devoir moral.

L'expérience du devoir nous apprend que l'homme est double, à la fois nature qui désire et esprit qui juge et choisit. Elle nous

---

1. Kant, *Fondements de la métaphysique des mœurs* ; *Critique de la raison pratique.*

apprend que tout être humain a le pouvoir de transcender ses penchants en agissant selon l'esprit. Ce pouvoir fait de tout individu une personne, un être qui ne se réduit pas à sa nature, un être libre. Parce qu'il est libre, tout être humain peut dire non à ses passions et à ses intérêts égoïstes. La liberté fait de chaque être humain un être capable de moralité.

En écoutant en lui la raison et non la nature, chaque individu entend le même commandement. La raison exige impérativement et inconditionnellement de traiter autrui comme une personne. De ne jamais traiter l'autre comme un moyen, un instrument, un objet. De traiter en tout, toujours et partout tout autre comme un être qui trouve sa finalité en lui-même. Le respect est ce sentiment de déférence absolue que m'inspire ma raison à l'égard de tout autre.

Le respect va à la personne et non aux actes. Le respect nous dicte de dénoncer le crime sans jamais affirmer de l'homme qui l'a commis que « c'est un criminel ».

Espère l'autre

Respecter l'autre, c'est tenir compte de lui, quand même tu ne l'aimes guère.

Tu ne peux aimer tout le monde, cela n'est pas honteux, cela t'honore.

L'amour est sélectif, et chacun d'entre nous a besoin d'élire et d'être élu.

Tu ne peux apprécier tout le monde, l'esprit compare et préfère comme il respire.

Tu peux sans remords juger l'attitude de ton voisin, juger est inhérent à l'esprit.

S'il t'arrive de détester quelqu'un, dis-toi que ressentir est le propre du cœur.

Ce qu'il te faut, c'est distinguer la personne de ses comportements.

Respecter l'autre, c'est cela même.

Une personne peut toujours se comporter mieux demain, et ainsi te surprendre.

Cet autre, dont la mesquinerie t'exaspère, peut se montrer un jour généreux.

Ta manie de contrôler les situations, qui gène les autres et toi, peut fondre demain.

Ton collègue te dédaigne-t-il ? Son dédain ne saurait entamer ta dignité !

Untel t'humilie et te blesse ? Sans doute le fait-il parce qu'il n'est pas lui-même respecté !

Joues-tu à séduire ? N'oublie pas que, par ton jeu, l'autre est instrumentalisé !

Admires-tu quelqu'un au point d'être subjugué ? Attention, ton exaltation peut évacuer le respect !

Tu veux forger l'être aimé à ton goût ? Attention, l'amour vrai suppose le respect de la personne !

Es-tu accablé d'avoir mal fait ? Respecte-toi, ressaisis-toi, ta personne ne se réduit pas à cet acte !

Juges-tu que cet autre est malveillant ? Donne-lui la chance que mérite un être capable de moralité !

Du fond de mon embrouillement, entre remords et tentations, j'entends : « Respecter, c'est espérer l'autre, miser sur sa capacité d'être demain meilleur qu'hier ! »

À toi lecteur !

Sartre et la situation
de regardé/regardant

À chaque instant autrui me regarde... Par le regard d'autrui, je me vis comme figé au milieu du monde, avec les objets du monde, comme en danger, comme irrémédiable... Autrui est d'abord pour moi l'être pour qui je suis objet... Par le regard, j'éprouve autrui concrètement comme sujet libre et conscient, qui fait qu'il y a un monde. Et la présence nécessaire de ce sujet est la condition nécessaire pour toute pensée que je tenterais de former sur moi-même... Autrui est par principe l'insaisissable : il me fuit quand je le cherche, et me possède quand je le fuis.[1]

Nous naissons dans un monde déjà peuplé d'autres, qui se situent en dehors de nous. Cette situation originelle fait que, avant d'être *pour soi*, chacun existe d'abord *pour autrui*. Cette même situation fait qu'avant d'exister comme sujet, je m'éprouve comme une chose. Une chose qui apparaît parce que les autres la regardent[2] et qui est réduite à cette apparence. Mais une chose à part les autres choses, puisqu'elle regarde aussi, à partir d'elle, autour d'elle.

Notre regard perçoit les autres comme des êtres en mouvement, libres et imprévisibles. Cette perception nous apprend que nous sommes des êtres comme eux, des non-choses, des sujets. L'autre

---

1. Sartre, *L'être et le néant*.
2. Le mot regard, composé du préfixe *re*, qui indique la répétition et le retour, et du verbe *garder*, signifie d'abord garder encore, veiller à, prendre garde. L'étymologie signale bien que le regard insiste et surveille.

est un sujet situé dehors, son regard m'est impénétrable, je ne sais ce qu'il pense de moi. Constamment vu par les autres, j'intériorise leur regard et, seul, je me sens encore et toujours observé. Au fondement de toute relation entre les autres et moi, moi et les autres, il y a absence de relation.

Extérieurs l'un à l'autre, chacun regardé/regardant, nous sommes des étrangers emplis d'inquiétude. Cette situation peut durer toute une vie, ou faire irruption de temps en temps. Il y a ceux qui ne vivent que par et pour le regard des autres, qui font le choix d'être regardés. Ceux qui se concentrent sur ce qu'ils font ne sont pas à l'abri du regard pétrifiant d'autrui. La honte est toujours honte devant quelqu'un, dont je perçois ou imagine le regard réprobateur.

À chacun de comprendre qu'il est un autre comme l'autre, un sujet libre de regarder et d'agir. À chacun de comprendre que, seul fondamentalement, il vit dans un monde peuplé d'autres. À chacun de faire de sa solitude une passerelle vers la solitude d'autrui. À chacun de comprendre que, sans les autres, il ne peut ni se reconnaître, ni penser, ni agir. À chacun d'exercer sa liberté en étant responsable devant tous les hommes.

Il s'agit pour chacun d'entre nous d'assumer l'épreuve de la condition humaine. Cette épreuve consiste à exister au risque de la liberté de l'autre en répondant aux autres de ses choix.

Affronter nos subjectivités respectives

Tu ne peux échapper à ta solitude de sujet unique, les autres non plus.

À toi de choisir si la solitude est un fardeau ou une richesse à porter.

Tu ne peux te soustraire au regard des autres, les autres non plus au tien.

À toi de choisir si être avec les autres est un enfer ou une chance d'évoluer grâce à eux.

Tu ne peux deviner la pensée de l'autre, l'autre non plus ne peut percer ton front.

À toi de choisir si le mystère est un mur qui repousse ou un diamant qui scintille.

Tu ne peux échapper à la nécessité de faire des choix, les autres non plus.

À toi de choisir d'avancer avec les autres ou de te planter là, à les guetter.

La voix de l'homme en toi t'ordonne de choisir l'homme dans tous les cas.

Parce que la séparation originelle est irrémédiable, toi et l'autre vous avez à vous relier.

Parce que l'accès direct à soi est impossible, l'autre est ton médiateur et toi le sien.

Un médiateur fait des liens sans condamner, ne l'oublie pas.

Donnes-tu trop d'importance à l'opinion des autres ? Mais c'est toi qui imagines leur opinion !

Composes-tu tes apparences pour plaire ? L'essentiel n'est pas de plaire mais d'être apprécié !

Enfermes-tu l'autre dans ta première impression sur lui ? La prison que tu crées est aussi la tienne !

L'autre te voit-il là où tu n'es plus ? Tu as une langue pour l'éclairer !

L'autre persiste-t-il dans son erreur ? Mais que t'importe, puisqu'il se trompe !

Du fond de moi, malgré les malaises inévitables, j'entends : « La relation à l'autre est telle que tu la construis, choisis donc la liberté qui encourage l'autre à exercer lucidement sa propre liberté ! »

À toi lecteur !

Levinas et l'éthique du visage

La proximité de l'autre est signifiance du visage. Signifiance d'emblée au-delà des formes plastiques qui ne cessent de le recouvrir comme un masque de leur présence dans la perception. Sans cesse, il perce ses formes. Avant toute expression particulière – et sous toute expression particulière... – il y a l'exposition même, le sans défense, la vulnérabilité même... la mortalité, avant tout savoir sur la mort. Cette face du visage dans sa mortalité m'assigne, me demande, me réclame... C'est à partir du visage de l'autre homme que m'est signifié le commandement par lequel Dieu me vient à l'idée.[1]

L'autre m'apparaît à travers son visage, si toutefois je veux bien y faire attention. Car je peux m'arrêter à l'image, à mon impression spontanée ou à l'analyse des traits. Dans les deux cas, je reste dans mes sentiments ou avec mes raisonnements. Je ne vois pas l'autre dans ce qui fait sa différence, je l'interprète à partir de moi. La plupart du temps, je me contente de cette relation unilatérale, dont l'autre est absent.

Mais si je regarde au-delà des traits visibles ce que le visage signifie, je découvre l'altérité. Ce qui est radicalement autre de cet autre-là m'apparaît, et me voici face à un étranger. Cet étranger est cependant tout entier dans son visage qu'il ne peut échanger contre aucun autre. Tout entier et pourtant indéchiffrable, car chaque individu humain est un mystère unique. Le visage de l'autre s'ouvre sur quelque chose qui transcende tout ce que je peux voir de lui.

---

1. Levinas, *De l'un à l'autre, transcendance et temps.*

Sur son visage transparaît son humanité dans sa nudité, le fait qu'il est unique, irremplaçable et mortel. Il transparaît, lui, dans son extrême fragilité, par le fait qu'une goutte suffit pour le faire périr. Transparaissant ainsi, il me renvoie directement à mon propre dénuement, à ma mortalité. Je me découvre comme autre que tout autre mais, malgré cela, exposé comme lui à la mort. L'angoisse me transit et, pour la fuir, je suis tenté d'agresser, de tuer le premier.

Mais, regardant le visage de l'autre qui m'effraie, j'y lis enfin quelque chose, qui est au-delà du visage. Il s'agit d'une supplication, émergeant du fond de sa vulnérabilité : « Ne me tue pas ! » Par cet appel silencieux, l'autre éloigne mon agressivité et met fin à mon indifférence. Je me sens appelé à ne pas le tuer, à obéir au commandement : « Tu ne tueras point ! » Ainsi, par le visage de l'autre, l'impératif de Dieu s'impose à mon esprit.

Mon attention au visage de *l'autre homme* me rappelle à ma responsabilité éthique. Je dois prendre en compte la vie de mon frère, quoi qu'il en coûte à ma propre vie.

Reste en éveil et en vigilance

Ce qui est essentiel s'exprime sans insister, il s'ébauche comme une caresse.

Notre monde est violent, il n'entend que ceux qui griffent et crient.

Notre société a le culte de l'image, n'oublie pas que l'image dissimule le visage.

Fardés et liftés, nos visages attrapent la raideur des masques et fondent sous eux.

Le mot responsabilité est partout, signe probable que son sens tend à disparaître.

Sommés de « responsabiliser » les autres, nous oublions d'être responsables nous-mêmes.

Tout nous pousse à la conformité, nous cherchons à faire comme on nous montre.

Redoutant la réalité qui perce derrière le moule, nous nous arrêtons aux formes.

L'information de masse nous inonde, et la masse a toujours fait disparaître l'individu.

Morale du moment, l'individualisme promeut l'égocentrisme et non l'individu.

Quand les visages s'effacent, le totalitarisme s'approche à pas de loup.

Champs de guerre et camps de concentration effacent les visages, ne l'oublie jamais.

Analyses-tu le comportement d'autrui ? Pourtant, c'est son visage qui t'indique sa différence !

Le face-à-face te met mal à l'aise ? Si tu cesses de le penser en « mur-à-mur », une tendresse naîtra !

La familiarité avec l'autre te gêne ? Allons, la proximité ne peut abolir l'étrangeté de ton prochain !

L'altérité de l'autre te trouble ? Mais c'est plutôt ta propre fragilité qui soudain te surprend !

Tu juges ignobles les exterminations d'hommes ? En oubliant le visage, tu y contribues à ton insu !

Du fond de mes peurs et pudeurs, par-delà mon goût pour les images et les explications mécaniques, j'entends : « Tu as à rendre compte de la vie de cet autre, et de tous les hommes ! »

À toi lecteur !

Jaspers et la communication existentielle

Dans la communication, je m'ouvre à moi-même en même temps qu'à l'autre. La communication s'établit à chaque fois entre deux êtres qui se lient, mais qui doivent rester deux – qui ne connaissent la solitude que parce qu'ils sont en communication. Je ne peux devenir moi-même sans entrer en communication, je ne peux entrer en communication sans être solitaire. À chaque fois que la communication abolit la solitude, il s'en forme une nouvelle...[1]

Vivre avec les autres est une donnée première, qui inclut le fait de communiquer. Au niveau de leur vie quotidienne, les hommes doivent s'entendre sur les choses à faire ensemble. Cette communication utilitaire porte sur des objets et s'inscrit dans le combat pour la survie. Elle désigne et informe sans pour autant dévoiler ni éclairer l'individu dans son existence. Et elle est d'autant plus efficace qu'elle met les particularités personnelles entre parenthèses.

Exister est le propre d'un être radicalement personnel qui s'actualise dans la création de soi. Enfant du mystère, chaque homme se saisit comme un devenir ouvert sur des possibles inconnus. Exister est en même temps le propre d'un être qui fait l'épreuve de sa finitude. Mortel, pris dans des conditions qu'il n'a guère choisies,

---

1. Jaspers, *La Philosophie.*

chaque homme est confronté à des limites. La souffrance, l'échec, la maladie, la mort mettent à rude épreuve la création de soi.

Pour se créer sans crever, chaque existence a besoin de rencontrer une autre existence. Pour construire son histoire dans l'Histoire, chaque existence a besoin de rencontrer les autres. De les rencontrer là où ils existent, en leur lien indicible avec le mystère de la mort et de la vie. D'échanger en assumant le risque d'être remis radicalement en question. En assumant aussi le risque de la rupture, profilée à l'horizon de toute relation.

Communiquer, c'est devenir moi avec l'autre à partir de ma solitude originelle. C'est parce que je nais et meurs seul que je peux parler à l'autre d'autre chose que de trivialités. C'est parce personne ne peut tout exprimer que la communication se désire et se recommence. Refuser de communiquer, c'est me priver de toute chance de me dévoiler à moi-même. Fuir la communication existentielle, c'est me couper du sens, et donc m'amputer moi-même.

La communication existentielle construit un pont entre deux solitudes. Mais ce pont est solide, car il relie deux êtres qui ne craignent pas d'être fondamentalement seuls.

Accepte l'incommunicable

Le quotidien t'oblige à gérer le pratique, ainsi t'éloigne-t-il d'autrui et donc de toi.

Cet éloignement t'incommode, tu te mets à chercher des moyens de connaissance.

Tu cherches à connaître les autres et toi à travers les magazines et les bouquins.

Tu lis de la psycho et tu passes des tests, pour apprendre sans risquer la confrontation.

Tu préfères l'approche indirecte à la rencontre[1] et la généralité qui sépare au choc qui relie.

Rencontrer l'autre est une tension, car l'autre est radicalement différent de toi.

Notre société ne t'aide pas, son marché regorge de recettes pour « bien communiquer » et « gérer les conflits ».

Or il n'y a guère de mode d'emploi pour communiquer avec l'autre, il faut y aller.

Le discours ambiant t'incite à revendiquer la « transparence » en tout et pour tout.

Or les êtres opaques que nous sommes ne peuvent obtenir sur eux que des éclairements.

L'éducation t'apprend à être poli avec les autres et donc à ne pas les heurter.

Or la politesse est une police qui met au pas et non une civilité courageuse.

Aller vers l'autre, c'est accepter le frottement de nos deux mystères.

Tu manques de temps pour rencontrer l'autre ? Mais tu manques ta vie par la même occasion !

Tu redoutes que l'autre entre chez toi ? Sans la rencontre avec l'autre, tu es sans chez toi !

Tu préfères badiner toujours ? Mais on ne badine pas avec l'amour, la souffrance, la mort !

Tu te sens trahi par les mots ? Sois heureux que l'existence déborde les concepts de la raison !

Tu te heurtes à l'obscur noyau de l'autre et de toi ? Il n'y a pas de lumière sans ténèbres !

---

1. Le mot « rencontre », qui contient l'adverbe contre, signifiait à l'origine le combat, l'affrontement, le choc. Par la suite, la rencontre désigne la circonstance fortuite, la coïncidence, avec tout ce que cette situation due au hasard comporte de surprises. Au sens fort, la rencontre renvoie encore à un face-à-face dans lequel chacun se trouve confronté à l'imprévu de l'autre.

Tu te sens seul et incompris ? Mais c'est le lot de toute conscience singulière !

Du fond de mon être unique, j'entends : « Parce que tu ne peux te fondre à l'autre, parce qu'il y a de l'incommunicable en toi et en l'autre, communique sur l'existentiellement important ! »

Notes de pensée

À toi lecteur !

Aristote et le fondement de l'amitié

*De même que pour chacun d'entre nous son existence est une chose dési-
rable, de même est désirable pour lui, ou à peu de choses près, l'existence de
son ami… Ce qui rend l'existence désirable, c'est la conscience que l'homme
a de sa propre bonté, et une telle conscience est agréable par elle-même ; il
a besoin, par conséquent, de participer aussi à la conscience qu'a son ami
de sa propre existence. Ce qui ne peut se réaliser que dans le vivre-ensemble.
Ainsi, un homme bon et heureux a besoin d'amis.* [1]

L'amitié est une vertu, dès lors qu'elle ne vise ni l'utile ni l'agréable, mais ce qui est bon. Pour l'homme, le bien le plus aimable
c'est l'existence, qui est vie accompagnée de pensée. La pensée
transcende le processus biologique du vivre en organisant le *bien-
vivre*. L'amitié prend source dans le désir de bien vivre ensemble et
de vivre bien avec soi-même. Par ce désir, l'amitié véritable
appelle l'amitié, elle est toujours réciproque.

Cette réciprocité passe par l'amour de soi-même. Un individu ne
peut aimer de façon désintéressée un autre s'il n'est pas l'ami de
lui-même. L'égoïsme[2] consiste à aimer soi, à aimer en soi ce que

---

1. Aristote, *Éthique à Nicomaque.*
2. Le mot grec *philautia*, qui désigne littéralement l'amitié pour soi-même, a
   une signification différente du terme égoïsme. En mettant deux fois l'accent
   sur le moi, par l'*ego* et le *isme*, le mot égoïsme a d'emblée une connotation
   négative : c'est un vice et non une vertu, un défaut et non une simple attitude.

l'on a de meilleur. Ce qu'un homme a de meilleur c'est sa pensée, ce qu'il fait de mieux c'est de penser. L'amour de soi, c'est l'amour de soi dans le plein exercice de son humanité.

Seul celui qui s'aime de cette façon-là peut reconnaître l'autre comme un autre soi-même. Et seul celui qui aime la sagesse peut s'aimer de cette manière-là. L'amitié relie deux êtres amis de la sagesse qui désirent mettre en commun ce qui est bon. L'amitié est le modèle même de la relation éthique. En effet, les amis désirent partager une existence nourrie de belles pensées et de belles actions.

On aurait pu croire que, heureux de sa propre excellence, le sage se suffit à lui-même. En fait, parce qu'il désire partager et progresser en partageant, le sage a besoin d'amis. Ressentir la joie que l'autre éprouve d'exister augmente la joie d'exister du sage. Partager avec l'ami le bonheur de penser augmente le bonheur du sage. La conscience des bienfaits de l'amitié porte même les amis à désirer vivre l'un avec l'autre.

La vraie relation à l'autre a lieu à travers l'estime éprouvée pour soi-même. Ce lien bienveillant à l'autre à travers soi est ouverture sur le souci du *bien-vivre* en commun.

Sois un autre bienveillant pour toi-même

La pensée est dialogue que tu te tiens à toi-même[1].

Tu es un autre pour toi-même, et relié à cet autre par ta pensée.

Pour dialoguer avec toi-même, il faut savoir parler.

Tu es devenu homme dans une communauté d'hommes qui savaient déjà parler et penser.

---

1. Cette définition de la pensée, dont l'auteur est Platon, est partagée par Aristote et par tous les philosophes grecs.

À présent que tu es parmi eux, tu peux devenir meilleur grâce à eux et grâce à toi.

Grâce à eux, à condition de choisir certains d'entre eux selon ton cœur.

Grâce à toi, si ton cœur choisit en fonction de l'amitié que tu as pour toi.

Pour être ouvert aux autres et évoluer avec eux, il est nécessaire que tu t'aimes toi.

La *philia*[1] est sentiment de bienveillance, elle consiste à bien veiller sur quelqu'un.

Tu veilles sur toi en travaillant à ta propre maturation.

Tu veilles sur toi en t'entourant de ceux qui contribuent à ton évolution.

Préfères-tu être un solitaire ? Mais ta sagesse risque de se tarir sans compagnie !

Tu ne te plais pas et tu en souffres ? S'aimer n'est pas se plaire, mais aimer évoluer !

Tu te plais trop et tu en es grisé ? À trop te plaire, tu oublies qui tu es !

Ton souci est-il de plaire ? Mais qui veut plaire ne se fait point d'amis !

Tu te compares sans cesse aux autres ? Tu gaspilles ton temps au lieu de tisser des liens !

Du fond de ma difficulté d'être, pris entre mon égocentrisme et ma fausse modestie, j'entends : « Sois un ami pour toi et pour l'autre afin que la rencontre avec tout autre enrichisse vos vies ! »

---

1. *Philia*, en grec, signifie l'amitié.

À toi lecteur !

Habermas et l'éthique de la discussion

L'« activité communicationnelle » se produit lorsque les acteurs acceptent d'accorder leurs projets d'action de l'intérieur et de ne tendre vers leurs buts respectifs qu'à la seule condition qu'une entente sur la situation et sur les conditions escomptées puisse être ménagée... Le processus d'« intercompréhension » vient d'une entente qui dépend de l'adhésion, rationnellement motivée, au contenu d'une expression. Cette entente ne peut pas être extorquée au partenaire par une quelconque manipulation... elle repose constamment sur des convictions communes.[1]

La structure du langage humain est fondamentalement intersubjective. La parole relie un sujet pensant à un autre sujet pensant, sa finalité est la communication. La communication vise en dernier ressort l'action, car pour exister humainement il faut agir. Cette double orientation de la communication peut être entravée par des freins et des écrans. Dans ce cas, nous avons l'impression de communiquer alors que nous faisons le contraire.

Cette impression est dangereuse car elle rompt le lien entre les sujets pensants. La rupture de ce lien porte atteinte au processus de la pensée lui-même. Car penser, c'est confronter son point de vue à d'autres points de vue très divers. Penser, c'est exercer sa réflexion en rencontrant les objections et les critiques des autres. Et la pensée

---

1. Habermas, *Morale et communication*.

n'a de sens que si elle améliore les conditions humaines de notre existence.

Notre société véhicule l'illusion qu'il suffit d'énoncer des opinions pour communiquer. Cette illusion est renforcée par les nouvelles technologies de la communication. Les médias mettent en scène des simulacres d'échanges sur tout et n'importe quoi. Les individus deviennent consommateurs de fausses confidences et de pseudo-débats. Aussi se mettent-ils en péril en oubliant que la *discussion*[1] fonde et préserve la liberté.

La discussion suppose la volonté des interlocuteurs d'avancer ensemble sur un sujet. Elle implique des engagements d'ordre éthique de la part de ceux qui dialoguent. Elle engage chacun à énoncer clairement à partir de quelles croyances il parle. À définir le sens des mots qu'il utilise, à parler de façon intelligible, à argumenter sa pensée. À renoncer au désir d'avoir raison, à se soumettre à la loi du meilleur argument.

Communication consciente et réciproquement contrôlée, la discussion génère la décision éclairée. Elle permet aux décideurs de prendre la décision la plus appropriée humainement.

Construis avec les autres un sens commun

Observe autour de toi le désert plein de mirages de la discussion aujourd'hui.

Les débats organisés entre personnes d'opinions différentes sont en fait des combats.

Chacun cherche à imposer son point de vue contre le point de vue des autres.

---

1. La discussion, du latin *dis* (dans toutes les directions) et *cutere* (frapper) implique le frottement, l'affrontement.

Les questions ouvertes aux citoyens pour engager le dialogue sont pièges à lapins.

Chacun reçoit une réponse toute faite à sa question, à peine entendue.

Quand il n'est pas dialogue de sourds, le dialogue social est tout au plus une négociation.

Les deux parties cherchent un compromis en restant sur leurs positions respectives.

Le recours à des animateurs lors de réunions professionnelles est souvent une diversion.

Si le médiateur n'est pas un accoucheur, l'échange surfe sans jamais croiser les idées.

Il n'est de discussion que s'il y a confrontation dans tous les sens en vue du sens.

Et il n'est pas de politique vraie si les sujets démissionnent du devoir de penser.

Veux-tu apprendre à tes élèves à exercer leur pensée ? Engage le dialogue avec eux !

Souhaites-tu avancer avec tes collègues de travail ? Suscite l'expression de leurs idées !

Tu ne comprends pas le sens d'un discours ? Ouvre la discussion par tes questions !

Tu n'oses paraître ignorant ou idiot ? Mais c'est en refusant la discussion que tu restes bête et ignorant !

Tu ne veux pas déplaire ? Tu préfères alors ton image au partage qui fait avancer !

Le consensus mou te paraît moins risqué ? Tu risques l'étouffement sous un oreiller !

Du fond de moi, malgré les pressions aux faux dialogues, j'entends : « Comporte-toi, avec les autres, en citoyen qui veut construire un espace public vivable et commun ! »

À toi lecteur !

S'entraîner à la liberté

Approche philosophique de la liberté

Comment nous en faisons l'expérience

Pourquoi elle nous interroge

En quoi elle est problématique

La liberté ?

La liberté est la capacité de se « séparer » de son propre être par la pensée et par l'action.

L'homme est le seul animal capable de remettre à plus tard la satisfaction de ses besoins. À pouvoir s'arracher aux pressions de sa vie biologique et de l'environnement naturel. À interroger ce qui lui arrive et à transformer ainsi les données de sa vie en questions. À répondre aux questions que la vie lui pose en faisant exister des choses qui n'existaient pas ou qui n'existent pas.

La conscience de soi est le terreau, la racine et le fruit de la liberté. Soi regardant soi, l'homme est ainsi fait qu'il se saisit comme extérieur à sa nature. Conscient de ce qu'il vit, l'homme peut infléchir le cours de ce qui lui arrive. En modifiant ce qui est donné, l'homme apprend qu'il a du pouvoir sur les choses.

Ce pouvoir, éprouvé dans l'intimité de chaque conscience, n'est pourtant pas un pouvoir isolé. La conscience est indissociable de la pensée, qui n'advient que par le langage des mots. Le langage des mots suppose l'échange, qui a lieu parce que les hommes vivent en société. La conscience de soi, la sociabilité et la liberté sont inextricablement liées.

Elles caractérisent l'espèce humaine, dont la nature consiste à dépasser la Nature. Nous sommes par nature des êtres qui ne peuvent survivre qu'en créant leurs conditions de vie. Qui créent leurs conditions de vie en utilisant diversement les données de la nature. La liberté fait de nous des êtres de culture, la culture nourrit notre besoin d'aller toujours plus loin.

La liberté traduit avant tout ceci : *l'animal fait un avec la nature, l'homme fait deux*[1].

---

1. Vercors, *Les Animaux dénaturés*.

L'expérience de la liberté

Je me sens exister moi-même à travers les distances que j'introduis et les divorces que je vis.

Le fait de pouvoir dire « oui » ou « non » me prouve que « je » surplombe les situations. Le fait de savoir que je suis empêché d'agir me prouve que la capacité d'agir est en moi. Le fait de résister à mon désir me prouve que la capacité de me maîtriser est en moi. Le fait de regretter une parole ou un acte me signale que j'aurais pu parler et agir autrement.

Le sentiment de liberté est une donnée première de notre conscience. Si première que notre conscience se construit à travers nos prises de position successives. Le petit de l'homme se découvre en testant les limites de ceux qui prennent soin de lui. L'individu se développe dans les marges qu'il ouvre entre le monde et lui, lui et lui-même.

À ce sentiment est associée l'inquiétude de l'incertain. Les conséquences diffèrent si je dis non ou si je dis oui, et elles sont imprévisibles. Je ne suis jamais sûr que je fais bien en faisant ceci plutôt que cela, les effets arrivent toujours après. Mon regret pour ce que j'ai dit ou fait exprime la présence, en moi, d'une conscience morale qui me reprend et me juge.

Ce n'est pas simple de me distancer, et c'est troublant de savoir que je peux me tromper de distance. Ce n'est pas simple d'être parmi les autres, et c'est troublant de ne pouvoir prévoir leurs réponses. Ce n'est pas simple d'être *deux en un*[1], mais troublant de me trouver en désaccord avec moi-même. C'est dur de choisir ceci et non cela, mais troublant de devoir limiter mes possibles pour choisir.

L'expérience si spontanée de ma liberté m'apprend que la liberté est une chose difficile.

---

1. L'expression est de H. Arendt.

Les questions contenues dans cette expérience

Le problème est que l'évidence première est aussitôt embrouillée par des sentiments contraires.

Ma capacité de distance ne me délivre pas d'une variété de dépendances, prévues et imprévues. Si je peux commander à mes mains, un accident peut m'enlever cette liberté en m'amputant. Si je peux aller et venir, une décision politique peut m'enlever cette liberté en m'emprisonnant. Si je peux maîtriser certains de mes désirs, une multiplicité d'autres m'assujettit.

Souvent, l'émotion me fait dire et faire le contraire de ce que je pense et aurais voulu. Quand une idée m'obsède, je ne suis pas libre de me défaire de l'obsession. Il m'arrive de subir des choses qui viennent de mes tréfonds et sur lesquelles je n'ai pas de prise. Quand une passion m'habite, je suis son esclave subjugué et non un homme libre.

Je n'ai pas choisi de naître, je ne peux pas échapper à la mort. Entre ces deux faits indépendants de ma volonté, je suis les traits de mon caractère[1]. Certes, je peux travailler sur moi, évoluer, mais un noyau dur est là, inscrit dans mes gènes. Et mon évolution dépend de rencontres et d'événements indépendants de ma volonté.

Je n'ai pas non plus choisi de naître ici plutôt que là, à cette époque plutôt qu'à une autre. Situé malgré moi dans une histoire qui me dépasse, je suis façonné par mon milieu proche. Si je peux m'approprier et critiquer ces données, elles demeurent mon passage obligé. C'est à partir d'un matériau déjà existant que je suis amené à me situer en tant que sujet libre.

---

1. Le mot caractère, du verbe grec *harazo*, signifie le fait de tracer. L'étymologie est forte de sens : notre caractère tracerait déjà notre être…

Mais qu'est-ce qu'un sujet libre qui est limité de partout ? La liberté serait-elle une illusion qui permettrait de supporter son contraire, la dépendance ? La dépendance serait-elle complète, serions-nous menés par une Destinée irréductible ? La dépendance serait-elle partielle, mais dans ce cas, qui fixe les limites et sont-elles déplaçables ?

Le constat des dépendances conduit à penser à rebours la question de la liberté.

Avant la liberté humaine

La croyance au destin a précédé les interrogations philosophiques sur la liberté.

Les hommes auraient-ils fait d'abord attention à ce qui échappait à leur pouvoir ? Auraient-ils pris peur de leur capacité d'agir au point d'en attribuer les effets à la divinité ? Leur souci de maîtriser les données extérieures les aurait-il détournés de leur expérience intime ? Le fait est que les mythes du monde renvoient, chacun à sa façon, à une destinée.

Croire que les dieux décident du sort des humains, c'est croire en la liberté des dieux. Cette croyance atteste de la réalité de la liberté en en déplaçant la source. Le pouvoir divin de déchaîner les forces naturelles atteste d'une puissance supérieure à la nature. Les hommes se représentent les dieux comme des surhommes qui peuvent tout.

Les dieux commandent déluges, sécheresses et séismes pour punir les hommes de leurs fautes. Les dieux rétablissent l'équilibre naturel, une fois apaisés par les offrandes des hommes. Les dieux ouvrent des voies miraculeuses aux individus qui se distinguent par leur courage. Aux commandes du pire et du meilleur, les dieux tracent la destinée des humains.

Débordés par la foule des choses qui les dépassent, les hommes découvrent le divin. Ils dotent leurs maîtres surnaturels de leur trait essentiel, le pouvoir de changer les choses. Ils situent hors d'eux l'immense pouvoir qu'ils ressentent confusément en eux. Ce faisant, ils donnent un sens au non-sens de tout ce qui, leur échappant, les écrase.

Le fait de croire au destin et aux dieux prouve que l'homme transcende sa nature.

L'idée de la liberté et le caractère problématique de sa réalité

L'idée de liberté naît avec le questionnement de l'homme sur son propre pouvoir d'agir.

L'homme porte son regard directement sur lui-même lorsque sa peur de périr desserre son étau. L'individu se pense comme sujet de ses actions quand son lien au groupe cesse d'être fusionnel. La pensée pose la question de la liberté à partir de ce qui empêche l'homme d'agir de son plein gré. La liberté est d'abord définie négativement, comme « non-dépendance ».

Est libre celui qui n'est pas atteint d'une maladie qui l'empêche de penser. Est libre celui qui n'est pas infirme au point d'être privé de toute possibilité de mouvement. Est libre celui qui n'est pas l'esclave d'un autre, ni le sujet d'un régime tyrannique. Est libre celui qui n'est pas le jouet de ses passions, ni le reflet des opinions ambiantes.

« Se mouvoir par soi-même » prend très rapidement une signification psychique. Un homme paralysé dans son corps peut compenser cette servitude par la force de son esprit. Un esclave peut acquérir une autonomie intérieure face à un maître assujetti à ses passions. Un individu peut échapper à la menace du tyran en se donnant la mort.

La signification psychique révèle rapidement ses limites et aussi la relativité de la liberté. Un homme sain de corps et d'esprit est davantage libre qu'un invalide. Le citoyen d'une démocratie, de surcroît autonome intérieurement, est plus libre qu'un esclave. Un individu qui se donne librement la mort perd le support de toute liberté, qui est sa vie.

À la réflexion, la liberté apparaît comme une réalité qui ne va pas de soi.

Le problème de la liberté

Relative, la liberté se vit et se définit par rapport à l'expérience de son contraire.

Sans la réalité de la maladie, point de médecine pour libérer le corps de ce qui l'aliène. Sans la conscience de la mort, point de sagesse pour en apprivoiser la crainte. Sans la souffrance causée par les passions, point d'effort pour en être moins victime. Sans l'arbitraire de la tyrannie, point de combat pour un régime qui favorise la liberté.

La liberté est plutôt volonté et mouvement de libération. L'Histoire des hommes est l'histoire de la réduction progressive des multiples dépendances. L'histoire d'un homme devrait aussi être celle des victoires emportées sur les servitudes. Capacité de se distancer des choses, la liberté n'est jamais indépendance des choses.

Curieusement, presque toutes les libérations produisent de nouvelles dépendances. Nous étions dépendants de la nature, nous voici dépendants de nos technologies. Naguère soumis à la peur de la colère divine, nous voici effrayés d'un monde sans repères. Jadis et toujours, nous sommes à la merci d'une passion qui pulvérise notre pouvoir de discernement et de recul.

Qu'en est-il donc de la liberté, ce pouvoir autant évident qu'ambivalent et incertain ? Je peux résister aux influences que je reconnais, pas à celles que j'ignore... Je peux préférer la dépendance à l'autonomie et son revers, la part de responsabilité et de solitude...

Ce que je peux maintenant, je ne suis pas sûr de pouvoir le pouvoir demain…

À la réflexion, la liberté s'avère être problème philosophiquement insoluble.

Les sources culturelles de notre idée de la liberté

La pensée hébraïque présente l'homme libre d'agir mais lie ce pouvoir à son rapport à Dieu. Créé à l'image de Dieu, l'homme est séparé de la Nature et doté du pouvoir de lui commander. Cette séparation et ce pouvoir fondent son libre arbitre : l'homme est un être qui choisit. Créé à l'image divine seulement, l'homme n'est pas Dieu, il se trouve face aux commandements divins. Son libre arbitre consiste avant tout à choisir entre l'obéissance et la transgression. Au premier et unique interdit de Dieu, l'homme répond par la désobéissance. Il choisit de goûter au fruit de l'arbre de la connaissance. La jouissance de tous les autres fruits de l'Éden ne lui suffit pas, il veut surtout celui-là. L'interdit attise le désir, le désir inspire le choix, le choix modifie la situation. L'homme connaît la peur de Dieu, la honte d'être nu, la culpabilité d'avoir désobéi. Amère, la connaissance qu'apporte son libre choix n'est pas l'unique conséquence. Chassé du paradis, l'homme est livré à un libre choix dont il redoute désormais les effets…

La pensée grecque présente les hommes et les dieux soumis à *Ananké*, la Nécessité. La Nécessité recouvre l'ordre de l'univers et la Destinée. L'univers est régi par des lois immuables, la condition et la fonction de chaque réalité sont définitivement tracées. Les dieux eux-mêmes ne sauraient modifier l'ordre du monde, immuablement le même depuis toujours pour toujours. D'ailleurs, aucun dieu ne peut être autre chose qu'un dieu, et, en tant que tel, il ne peut changer de fonction. Poséidon régit les mers pas les saisons, Hermès gère les communications pas les amours – ils ne peuvent échanger ni leurs caractères ni leurs rôles. Aucun homme ne peut être autre chose qu'un homme, un être conscient de n'être ni dieu ni bête. Sachant qu'il n'est pas un dieu immortel, l'homme désire être dieu et ce désir relève de son destin. Il est dans le destin de l'homme de chercher à dépasser les limites que Nécessité lui a assignées. Quand il choisit d'outrepasser sa condition, l'homme attire sur lui la malédiction. Consultant l'oracle pour apprendre son futur, l'homme est tenté de vouloir fuir un avenir funeste. En choisissant de fuir la prophétie de la Pythie, Œdipe se trouve rattrapé par le destin prédit. L'homme qui abuse de la marge de liberté que sa condition lui accorde est voué au malheur. Et le paradoxe est que cet abus est inscrit dans son caractère, prédéterminé par la Nécessité…

« Aime et fais ce que tu veux », est le message qu'on aurait pu retenir de l'Évangile. Mais il est si difficile d'aimer comme l'Évangile l'entend que nous oublions de l'entendre.

Très différentes dans leur propos, nos sources hébraïque et grecque se rejoignent dans leur effet. Issu d'une liberté originelle ou du désir de dépasser sa destinée, le libre choix est chose risquée.

RENCONTRES PHILOSOPHIQUES

Des idées pour :

la comprendre

la pratiquer

la revendiquer

Kant et le fondement subjectif de la liberté

Posséder le Je dans sa représentation : ce pouvoir élève l'homme infiniment au-dessus de tous les autres êtres vivants sur la terre. Par là, il est une personne ; et grâce à l'unité de la conscience dans tous les changements qui peuvent lui survenir, il est... un être entièrement différent, par le rang et la dignité, de choses comme le sont les animaux sans raison, dont on peut disposer à sa guise ; et ceci même lorsqu'il ne peut pas dire Je, car il l'a dans sa pensée.[1]

La source de ma liberté est dans la conscience que j'ai de moi-même. Cette conscience est déjà là à ma naissance, même si je ne peux encore dire « Je ». Avant de parler, je « me » sens comme le centre de ce qui m'arrive. Mais le jour où j'ai dit *je*, une *lumière* s'est levée en moi, et cette lumière ne me quitte plus. *Je* exprime le fait que je suis le principe[2] de mes pensées, de mes volontés, de mes actions.

Mes pensées, mes volontés, mes actions fondent mon *autonomie* par rapport à la Nature. Certes, mon corps est soumis aux lois physiques et je ne peux changer l'ordre de l'univers. Mais ma réalité ne coïncide pas avec mon corps, elle réside dans ma faculté de

---

1. Kant, *Anthropologie d'un point de vue pragmatique.*
2. Le mot principe (du latin *princeps*) désigne ce qui est premier au sens de source/origine, fondement, condition.

penser. Ma réalité coïncide avec mon pouvoir d'initier ce qui n'est pas contenu dans le plan de l'univers. Ma réalité c'est ma personne, elle consiste dans mon pouvoir de me déterminer moi-même.

Bien sûr, je peux me laisser envahir par les sollicitations de mon corps. Évidemment, je peux me laisser entraîner par mes passions aveugles et les préjugés sociaux. Je peux être empêché de m'exprimer et d'agir par les lois d'un régime tyrannique. De toute façon, ma vie est prise dans une diversité de dépendances et de contraintes. Mais à tout moment et quoi qu'il en soit, j'ai le pouvoir de me ressaisir.

C'est-à-dire de saisir la situation que je subis par la pensée et d'en devenir le principe. De réaffirmer en moi le « je », fondement de mon individualité, de mon unité, de ma force. D'assumer contraintes et dépendances sous ce « je » dont je suis l'exclusif propriétaire. De transcender ma nature engagée dans les contingences et les déterminismes de la matière. De reprendre les commandes, de redevenir ce que je suis, maître chez moi.

Ma liberté est là où a lieu la conscience de moi-même, liée à ma conscience des choses et du monde. Savoir que je peux toujours revenir là pour éclairer ma vie de ma propre lumière fait ma liberté.

Reviens à la lumière de ta conscience

Les sciences humaines soulignent nos dépendances, tiens-en compte, c'est important.

La culture dans laquelle tu as été élevé t'a modelé, tu disposes donc d'une pâte à modeler.

Ton inconscient te mène à ton insu, il a un pouvoir mais pas la toute-puissance.

Ta conscience peut toujours ramener à la lumière ce qui commandait en se cachant.

Tu entends de plus en plus dire autour de toi : « Il n'y a pas de hasard. »

Les astrologues d'aujourd'hui encouragent à leur façon la croyance au destin.

Biologistes et astrophysiciens cherchent à combiner hasard et nécessité.

N'oublie pas que la raison peut démontrer autant la fatalité que son contraire.

La raison peut démontrer autant l'existence de Dieu que son inexistence, l'immortalité de l'âme autant que sa matérialité périssable.

Entre les conditionnements de la société et les délires de la raison, reviens à toi.

Tu es un sujet libre de son propre jugement, libre de ne pas se laisser prendre.

Te sens-tu pris dans un engrenage ? Ce sentiment t'avertit qu'il est urgent de penser !

Préfères-tu l'engrenage à la pensée ? Attention, la gangrène te menace !

Tu trouves qu'il est difficile de penser ? Commence doucement à demander à ton *je* son avis !

Ton *je* te semble vacillant ? C'est ton inquiétude qui tremble, pas lui !

Ton *je* te semble insuffisant ? Mais oui, il te faut te confronter aux avis des autres !

Pour toi, être libre c'est changer le monde ? Le changement commence dès que tu agis à partir de toi-même !

Réformer le monde te semble utopique ? N'espère pas une réponse impossible pour œuvrer à son amélioration !

Du fond de mon être embrouillé et embourbé, par-delà les « on dit », j'entends l'ordre que me lance mon esprit : « Chaque fois que tu y reviens, ta conscience fait lever le jour en toi ! »

À toi lecteur !

Kierkegaard et l'angoisse de la liberté

Apprendre à connaître l'angoisse est une aventure que tout homme doit affronter s'il ne veut pas se perdre, soit faute de ne l'avoir jamais éprouvée, soit en y sombrant ; s'instruire justement en cette matière, c'est donc apprendre la plus haute sagesse. Si l'homme était ange ou bête, il ne pourrait connaître l'angoisse. Mais étant une synthèse, il en est capable, et il est d'autant plus homme que son angoisse est profonde, l'angoisse produite par lui et non s'imposant à lui de l'extérieur... L'angoisse est la possibilité de la liberté... Et la possibilité est la plus accablante des catégories.[1]

Chacun d'entre nous est un individu unique qui porte en lui toute l'humaine condition. Unique exemplaire de l'espèce, chacun d'entre nous porte solitairement la contradiction humaine. Cette situation est symbolisée par le premier homme, Adam, qui est à la fois lui-même et le genre humain. Son histoire préconise notre histoire, son aventure décrit la difficile réalité de notre liberté. Son passage de l'*innocence* à la *faute* préconise notre sortie de l'enfance.

L'homme est une synthèse d'âme et de corps, et cette synthèse a lieu dans l'*esprit*. Avant de réaliser ce lien, l'esprit rêve, sans les connaître, aux possibles qui s'ouvrent à lui. L'esprit pressent le pouvoir de liberté de l'homme sans être à même de l'exercer. Le pressentiment sans la connaissance est angoissant. L'angoisse est

---

1. Kierkegaard, *Le Concept de l'angoisse.*

vertige face à l'abyssale *possibilité de pouvoir* qui ignore ce qu'il faut choisir.

L'individu qui n'a pas exercé sa possibilité de pouvoir en choisissant n'est pas encore un homme. Esprit errant, entre la bête et l'ange, il est hanté par un pouvoir dont il ne sait rien et que, cependant, il aime. En même temps, il cherche à fuir ce pouvoir tourmentant que, sans rien y comprendre, il aime. Alors, advient une chose inexplicable, un *saut qualitatif* : le passage de la possibilité de pouvoir au choix. L'homme choisit de désobéir, son choix l'arrache à l'innocence, le voici ayant librement agi.

Par cet acte, l'esprit sort du rêve pour devenir liberté, pouvoir de choisir en connaissance de cause. Sorti du rêve, l'esprit entre dans une nouvelle angoisse, liée cette fois-ci à la liberté exercée. Car l'individu a acté son pouvoir de liberté en transgressant l'interdit divin et en devenant coupable. Car l'expérience de la culpabilité révèle l'ambiguïté incluse dans le pouvoir de la liberté. Être libre, c'est entrer dans l'irréversible en risquant, à chaque fois, la faute.

L'angoisse étreint notre liberté, qui est angoisse d'entreprendre, de risquer – angoisse de faillir. Mais la liberté étant l'apanage de notre humanité, nous avons à faire de l'angoisse notre viatique.

Assume la difficulté d'être libre

Que tu croies ou non au péché originel, écoute l'enseignement contenu dans son récit.

Avant le choix, tout est possible, et l'abîme des possibles donne le tournis.

Choisir, c'est risquer de se tromper ou de mal faire, et ce risque donne la nausée.

C'est seulement après le choix que tu peux découvrir si tu t'es ou non trompé.

Après le choix, tu peux aussi rester dans le doute, ignorer si ton choix fut le bon.

Pour éviter l'angoisse, tu peux être tenté de ne pas choisir.

Mais si tu choisis de ne pas choisir, tu t'infliges les deux vertiges à la fois.

À l'inquiétude de t'être trompé, tu ajoutes le vertige de tous possibles non choisis qui rôdent.

Tu te figes au-dessus du précipice, faisant de ton non-choix un choix aux conséquences inconnues.

De toute façon, tu n'y peux rien, tu as été créé libre de ton choix.

Tu aimerais les possibles sans l'angoisse ? Mais c'est elle qui te révèle le champ des possibles !

Tu aimerais une liberté sans risques ? Mais si tu savais tout d'avance où serait donc ta liberté !

La faute que tu as commise te ronge ? Transforme ton remords en repentir !

Tu ne connais pas la différence ? Le remords te cloue au passé, le repentir te permet de repartir[1] !

Tu te rêves libre dans l'absence totale de trouble ? Mais tu serais anesthésié, privé de joie !

Du fond des sentiments d'oppression que me procure ma liberté aux effets incertains, j'entends : « Ta sagesse consiste aussi à porter l'angoisse qui vient de toi et non d'une pression extérieure ! »

---

1. Le remords est le sentiment de culpabilité dans ce qu'il a de paralysant : il mord la conscience qui rumine sans pouvoir s'en sortir. Le repentir est le choix de ne plus répéter la faute commise et donc de dépasser le remords en changeant de comportement.

À toi lecteur !

Descartes et le pouvoir de notre liberté

Enfin on peut dire généralement qu'il n'y a aucune chose qui nous puisse entièrement ôter le moyen de nous rendre heureux, pourvu qu'elle ne trouble point notre raison... Le vrai office de la raison est d'examiner la juste valeur de tous les biens dont l'acquisition semble dépendre de quelque façon de notre conduite, afin que nous ne manquions jamais d'employer tous nos soins à tâcher de nous procurer ceux qui sont, en effet, les plus désirables ; en quoi, si la fortune s'oppose à nos desseins... nous aurons au moins la satisfaction de n'avoir rien perdu par notre faute.[1]

La raison est la faculté de juger, de discerner, de comparer, de hiérarchiser, d'établir des priorités. Elle s'exerce à partir de notre conscience, ce principe qui porte chacun à se saisir comme un « je ». Elle s'exerce tant qu'une maladie grave ne porte pas atteinte à notre capacité de raisonner. Constitutive de notre essence humaine, la raison est le principe de notre liberté. Nous sommes libres quand notre volonté choisit ce que notre raison juge bon pour nous.

Le siège de notre liberté est dans notre conscience ; celle-ci fait un choix éclairé par la raison. La raison distingue entre deux types de plaisirs, ceux du corps et ceux de l'esprit. Les premiers dépendent des circonstances extérieures et durent tant que durent ces condi-

---

1. Descartes, *Lettres à Élisabeth.*

tions. Les seconds dépendent des conditions que nous créons nous-mêmes et sont imperméables aux contingences. Il suffirait que nous écoutions notre *bon sens*[1] pour préférer les plaisirs de l'esprit.

Mais cela est moins aisé qu'il n'y paraît, car l'accoutumance engourdit notre discernement. Nés dans un milieu fortuné, nous prenons le pli de croire à la facilité des acquisitions matérielles. Défavorisés par le sort, nous prenons l'habitude de lester notre esprit de ce qui nous manque. Ainsi, au lieu d'user de notre liberté, nous subissons notre bonne ou notre mauvaise fortune. Pourtant, dès que nous mettons notre raison en branle, nous découvrons ce qui relève de nous.

Il est de notre pouvoir de mettre en doute les idées préfabriquées que la société nous assène. Il dépend de nous de dégager notre regard du voile que posent sur lui nos passions. Nous pouvons nous entraîner à atteindre ce dont l'acquisition relève de notre effort personnel. Nous pouvons également tout faire pour obtenir la reconnaissance ou l'amitié que nous désirons. Dans tous ces cas, nous misons sur notre esprit pour acquérir ce à quoi celui-ci aspire.

Notre liberté peut nous faire accéder aux biens que notre volonté, éclairée par la raison, a choisis. Si des faits s'y opposent, l'obstacle extérieur ne portera guère atteinte à notre liberté.

Vise ce que tu veux sans t'y accrocher

Tu désires acquérir plein de choses, de toutes parts tu es tenté. Mais aussi riche sois-tu, tu dois faire un choix, peser le pour et le contre.

---

1. Pour Descartes, le bon sens consiste dans le simple fait d'exercer son jugement, c'est-à-dire son discernement.

Bien peser, par exemple, les renoncements que tu dois faire pour t'enrichir.

Pour bien choisir, il est essentiel que tu saches ce qui importe vraiment pour toi.

Il est essentiel que tu remettes en doute ce que la société fait miroiter comme important.

Et aussi ce que les autres te conseillent pour ton bien ou en projetant sur toi.

C'est ton existence que tu as à vivre et non pas celle d'un autre.

Pour bien choisir, il te faut savoir que, en bonne santé, tu es davantage esprit que corps.

Pour bien choisir, il te faut savoir que, malade, tu peux encore compter sur ton esprit.

Ton esprit est volonté et raison, sache que ta volonté est avide par essence.

Livrée à elle-même, ta volonté veut tout, à toi de lui apprendre à se limiter pour obtenir.

Or tu es libre quand ta raison éclaire ta volonté.

Ta raison te dit que le tout n'est pas fait pour l'être imparfait que tu es.

Telle réussite te semble possible ? Si ton estimation est juste, les chances sont avec toi !

Telle entreprise te semble trop risquée ? Examine si c'est ta peur ou ta raison qui parle !

Cet échec te paraît insupportable ? Si tu as fait tout ce que tu pouvais, sois heureux, tu as exercé ta liberté !

Tu visais le bonheur et tu rencontres l'infortune ? Garde la visée du bonheur en toi, elle te guidera !

Tu es gêné par une infirmité physique ? Sois heureux d'avoir tout entière la liberté de ton esprit !

La vie te paraît un chemin semé d'embûches ? Ta raison peut voir les pièges, à ta liberté de les lever !

Du fond des conditionnements et des contraintes, par-delà les accidents que je ne peux éviter, j'entends : « Tant que tu peux répondre de toi-même, tu es à toi, et c'est une source de joie ! »

─────── Notes de pensée ───────

À toi lecteur !

Sartre et la liberté responsable

Il n'y a pas de déterminisme, l'homme est libre, l'homme est liberté… Ce qui n'est pas possible, c'est de ne pas choisir, car si je ne choisis pas, je choisis encore. Choisir être ceci ou cela, c'est affirmer en même temps la valeur de ce que nous choisissons… En me choisissant, je choisis l'homme… L'homme est responsable de ce qu'il est. Lorsque nous disons que l'homme est responsable de lui-même, nous ne voulons pas dire que l'homme est responsable de sa stricte individualité, mais qu'il est responsable de tous les hommes.[1]

Aucun Dieu n'a défini ce que nous devions être, aucun destin n'a fixé le cours de nos événements. À sa naissance, chacun d'entre nous n'est rien, il ne sera qu'ensuite en fonction de ce qu'il fera. La vie, en elle-même, n'a pas de sens, c'est à chacun d'entre nous de lui donner un sens. Ce sens, nous le construisons au fur et à mesure que nous faisons des choix. C'est à travers ces choix que nous devenons, chacun, une personne distincte de toutes les autres.

Non prédéterminée, notre existence est prise dans les limites indépassables de la *condition humaine*. Jetés dans le monde, nous sommes dans la nécessité d'y être avec d'autres, d'y travailler et d'y mourir. Cette situation fonde notre liberté en la délimitant. Notre liberté est pouvoir de choisir, et de nous définir à travers nos choix successifs. Chacun d'entre nous est ce qu'il se fait, mais il se fait dans un monde peuplé d'autres.

---

1. Sartre, *L'Existentialisme est un humanisme*.

Fruits de notre libre initiative, nos choix engagent notre responsabilité. Nous avons à en répondre aux autres, voire à tous les autres. Choisir, c'est préférer ceci à cela, c'est-à-dire accorder de la valeur à ce dans quoi je m'engage. Si je choisis de frauder, j'érige la fraude en valeur, je signifie que tout le monde peut en faire autant. Mon libre choix, posé dans un monde plein d'autres, engage l'humanité tout entière.

Libre de faire ce que je veux, me voici obligé de m'interroger sur les conséquences de mes actes. Voulant ma liberté qui donne sens à ma vie, me voici donc obligé de vouloir la liberté des autres. L'obligation de prendre en compte les autres dans mes choix humanise ma liberté. Initialement ouverte à tous les possibles, elle devient un combat responsable pour la liberté de tous. Responsable, ma liberté s'angoisse de l'imprévisibilité inévitable de ses propres choix.

Si l'homme est ce qu'il se fait, sa liberté l'incite à se faire homme. À faire de ce rien qu'il est en venant au monde l'acteur d'une Histoire qui favorise la liberté.

Engage-toi dans une éthique de la responsabilité

Que Dieu existe ou pas, dis-toi que cela ne change rien à ta réalité d'homme.

Face à la présence compacte des choses, tu es une réalité qui s'élance vers l'avenir.

Face à la matière où tout est confondu, tu es une conscience qui pose des valeurs.

Sans toi, ce qui t'entoure serait insensé, tu es le seul être qui puisse donner du sens.

Tu es un inventeur permanent du sens, à chaque pas tu évalues, interprètes et choisis.

Sans les autres autour de toi, tu ne saurais ni que tu existes, ni qui tu es, ni quoi choisir.

Révélateurs, miroirs, juges, obstacles, chemins, tels sont les autres pour toi.

Parmi les autres, avec les autres, tu composes le monde humain.

Et le moindre de tes choix impacte, d'un autre à l'autre, tous les hommes.

Liberté solitaire, radicalement seul pour choisir, tu es loin d'être seul le long de ton chemin.

Tu chemines à côté de plein d'autres, et de ces chemins parallèles ou croisés, naît le monde humain.

Et il n'est de monde qu'humain, car au sein de l'ordre naturel les hommes introduisent les cours de leurs libertés.

Tu voudrais une liberté sans responsabilité ? Mais une liberté sans éthique n'est pas une liberté !

Tu préférerais qu'on te dicte ta conduite ? Tu userais donc de ta liberté pour te mettre en esclavage !

Tu t'inquiètes d'ignorer quel est le bon choix ? Est bon ce qui part d'une interrogation responsable !

Tu trouves ta responsabilité d'homme trop lourde ? Eh oui, être un homme est une lourde tâche !

Cherches-tu des amis pour t'alléger ? Tu as raison, nous devons être nombreux à vouloir la liberté !

Donnerais-tu ta vie pour la liberté ? Bravo, *la liberté sans le courage de mourir est la servitude*[1] !

Du fond de mon désir d'en faire à ma tête et du désir contraire d'être déchargé du souci de choisir, j'entends : « Le sens de ta liberté se trouve dans ton respect de la liberté des autres ! »

---

1. Le propos est de Sénèque.

À toi lecteur !

Épictète et la liberté de la pensée

Il y a ce qui dépend de nous, il y a ce qui ne dépend pas de nous. Dépendent de nous le jugement, la tendance, le désir, l'aversion en un mot toutes nos œuvres propres ; ne dépendent pas de nous le corps, la richesse, la célébrité, les hautes charges, en un mot toutes choses qui ne sont pas nos œuvres propres. Les choses qui dépendent de nous sont naturellement libres, sans empêchement, sans entrave… Si tu veux que tes enfants, ta femme et tes amis vivent toujours, tu perds le sens, car tu veux que ce qui ne dépend pas de toi dépende de toi… Mais si tu veux ne point échouer dans ton désir, cela, tu le peux. Exerce-toi donc à ce qui est en ton pouvoir.[1]

Le cosmos est une réalité parfaitement ordonnée, une et pleine, structurée par des lois immuables. Toutes choses s'y trouvent reliées, aimantées par une tension, un principe actif, un souffle divin. *Dieu* ou *Destin* est le nom donné à cette force unifiante, qui fait de chacun de nous une part du Tout. Une part singulière mais qui, comme le Tout, est menée par une tension intérieure qui lui est propre. Chaque individu est animé par un principe actif, qui est son étincelle divine, sa force, sa pensée.

Notre pensée discerne d'emblée entre ce qui ne dépend pas d'elle et ce qui en dépend. La mort, la maladie, les accidents, l'opinion et les passions des autres nous échappent. Il est aussi vain de chercher

---

1. Épictète, *Le Manuel.*

à maîtriser ces choses que de nous rebeller contre elles. Notre effort pour les dominer et notre révolte auront pour seul effet de nous épuiser inutilement. Ils useront l'énergie dont nous avons besoin pour réaliser notre liberté.

Celle-ci relève tout entière de notre manière de voir ce qui nous arrive. Car ce qui nous trouble, ce ne sont pas les choses mais l'idée que nous nous en faisons. Ne pas être socialement promu n'est un mal que si nous suspendons notre dignité à cette promotion. La mort de l'être aimé est terrible pour celui qui ne sait pas en évoquer vigoureusement le souvenir. Notre liberté consiste à changer nos représentations en nous résignant à ce qui nous échappe.

Toute chose a deux anses, l'une par où l'on peut la porter, l'autre par où on ne le peut pas. À nous de découvrir le biais qui rend l'événement le plus lourd moins malaisé à porter. À nous aussi de souscrire à l'ordre du monde en faisant preuve d'humilité. La contrariété ou le malheur qui nous frappe maintenant peut s'avérer rétrospectivement salutaire. Et, de toute façon, un individu peut mûrir en transformant la contrariété ou le malheur en épreuve.

Un homme libre ne demande jamais que les événements obéissent à ses désirs. Il s'entraîne à donner aux événements un sens qui les rende aimables quoi qu'il en soit.

Applique-toi à changer de regard

Une multitude de choses échappent à ton pouvoir, c'est un fait.

Tu ne commandes ni à la vie ni à la mort, ce qui t'importe le plus tu ne peux le contrôler…

Ta sobriété ne te garantit pas une bonne santé, ton corps a son histoire à lui.

Tu ne peux obliger l'être que tu aimes à t'aimer, tu ne peux rien sur les sentiments d'autrui.

Tes enfants ne sont pas toi, ils suivent leur propre chemin, ils peuvent s'éloigner de toi, heurter tes principes ou tes intérêts.

Si ta propriété brûle demain, la meilleure assurance ne te la rendra pas.

Si quelqu'un a embouti ta voiture, il te faut attendre que le garagiste l'ait réparée.

Les caprices de la Bourse t'ont fait perdre de l'argent, il est vain d'en vouloir à la Bourse.

Rien de ce que tu as aujourd'hui n'est à l'abri, autant dire que tu n'as rien vraiment.

Es-tu inquiet de ne rien savoir de ta mort ? Mais c'est grâce à cela que tu peux être insouciant !

Es-tu triste d'aimer sans retour ? Sans doute l'heure du vrai amour n'est pas encore venue pour toi !

Tes enfants se comportent à leur guise ? Désire leur liberté au lieu de vouloir la puissance !

Tu as perdu tes biens matériels ? Si tu n'as pas perdu l'esprit, tu peux tout recommencer !

Un deuil terrible t'accable ? Si tu survis, c'est que tu as les moyens de supporter sans oublier.

Te voici contraint à aller à pied ou en bus ? Sois joyeux de cette occasion qui te sort de la routine !

Tu aurais préféré gagner plutôt que perdre ? Réjouis-toi de vivre, la roue de la fortune tourne !

Du fond de mon impuissance face à plein de choses, à travers mes agacements et mes désespoirs, j'entends : « Personne ne peut voler ton regard sur les choses, ce regard fait ta liberté ! »

À toi lecteur !

Spinoza et la finalité de l'État

Le but final de l'instauration d'un régime politique n'est pas la domination, ni la répression des hommes ou leur soumission au joug d'un autre. Ce à quoi on a visé par un tel système, c'est de libérer l'individu de la crainte – de sorte que chacun vive, autant que possible, en sécurité ; en d'autres termes conserve au plus haut point son droit naturel de vivre et d'accomplir une action (sans nuire ni à soi-même ni à autrui). Non, le but poursuivi n'est pas de transformer des hommes raisonnables en automates ! Le but de l'organisation politique, c'est la liberté.[1]

Partie de la Nature, l'homme dépend, comme tous les autres êtres, de lois nécessaires. Comme tous les êtres, il est porté par la tendance à persévérer dans son être. Comme tous les êtres vivants, il craint d'être réduit dans ses pouvoirs et, surtout, de cesser d'exister. Mais, doté de raison, l'homme peut progressivement connaître la Nature dont il dépend. Il peut aussi comprendre que connaître ce dont il dépend c'est devenir libre par la pensée.

La liberté de penser est inscrite dans la nature humaine, elle est un droit naturel inaliénable. Mais elle a besoin, pour s'exercer, d'une société qui, limitant les égoïsmes, garantit la sécurité. Les individus ne peuvent penser qu'une fois délivrés de la peur de mourir et du souci de survivre. Au demeurant, la sécurité ne suffit pas pour permettre la libre expression de la pensée. Le régime tyrannique, bien que garantissant l'ordre, défend à ses sujets de dire ce qu'ils pensent.

---

1. Spinoza, *Traité théologico-politique.*

Exerçant, par ce fait, la violence la plus extrême, ce régime est à rejeter absolument. La finalité d'un régime politique qui prend soin de l'homme est le respect de la liberté. Ce respect implique le droit, pour chacun, de penser, d'énoncer et d'enseigner ce qu'il pense. En acceptant d'obéir à une autorité politique, l'individu a renoncé au droit d'agir selon sa guise. Mais ce renoncement, nécessaire à la vie en société, s'accompagne du droit inaliénable de penser.

Inhérente à la nature humaine, la liberté ne dépend pas uniquement du pouvoir de l'individu. Elle suppose, pour se développer pleinement, l'institution d'un régime politique qui l'autorise. Ce n'est pas un hasard si la pensée philosophique naît en même temps que la démocratie. Et il relève de la responsabilité du philosophe de prendre la défense de la liberté politique. Une pensée qui ne s'exprime ni ne s'échange risque fort de devenir sa propre prison.

Quand même elle n'existe qu'au niveau de la pensée, la liberté a besoin d'extériorité pour être. Le régime politique libéral est le fondement incontournable de notre liberté.

Contribue à la liberté politique

La possibilité de tout dire te rend blasé, remue-toi, la tyrannie n'est pas loin.

La surinformation t'étourdit, réveille-toi, la confusion empêche de penser librement.

Cette masse de livres édités te rassure, secoue-toi, la liberté meurt du trop-plein.

Tu es consommateur avant d'être citoyen, méfie-toi, le risque d'être consommé te guette.

La sécurité devient la finalité politique première, demande-toi où va passer la liberté.

Interroge une démocratie sans censure qui embrouille ta pensée en te livrant tout en vrac.

Interroge une démocratie qui autorise que tout soit transformé en marchandise.

Interroge une démocratie qui donne libre cours aux pouvoirs financiers.

Interroge une démocratie focalisée sur l'accès au pouvoir et indifférente aux réalisations.

Te sens-tu libre parce que tu fais ce que tu veux ? Mais tu réponds plutôt conforme à un modèle !

Te sens-tu libre parce que tu as de l'argent ? Mais l'argent fait accéder aux choses, pas à soi !

Aimes-tu les associations d'idées[1] libres ? Attention, la pensée libre est une pensée ordonnée !

T'estimes-tu heureux de vivre en démocratie ? Monte ta vigilance si tu veux y vivre encore !

Mets-tu la sécurité par-dessus tout ? Attention, bientôt on te mettra dans une couveuse !

Ta définition de la liberté est-elle individualiste ? Attention, la liberté est un bien commun !

Du fond de ma torpeur, malgré mes allées et venues non entravées, j'entends : « Si tu désires ta sécurité par-dessus tout, tu mets en péril ton bien le plus précieux, la liberté qui te fait homme ! »

---

1. La thérapeutique psychanalytique, initiée par Freud, est fondée sur le principe de l'*association libre des idées*. En relâchant sa vigilance, le conscient permet l'émergence des images, des souvenirs et des ressentis inconscients.

À toi lecteur !

Rousseau et la difficile liberté

La liberté est un aliment de bon suc mais de forte digestion ; il faut des estomacs bien sains pour le supporter. Je ris des peuples avilis qui, se laissant ameuter par des ligueurs, osent parler de liberté sans même en avoir l'idée... Fière et sainte liberté ! Si les pauvres gens pouvaient te connaître, s'ils savaient à quel prix on t'acquiert et te conserve, s'ils sentaient à quel point tes lois sont plus austères que n'est dur le joug des tyrans, leurs faibles âmes te craindraient cent fois plus que la servitude ; ils te fuiraient avec effroi comme un fardeau prêt à les écraser.[1]

La liberté est inscrite dans la nature de l'homme, obligé de choisir pour survivre. Là où l'animal obéit à l'instinct de son espèce, l'homme doit inventer son comportement. S'inspirant de ce qu'il perçoit autour de lui, il imite, combine, s'approprie, improvise. En exerçant son pouvoir de choisir, l'homme se reconnaît comme un *agent libre*. Cette conscience lui révèle la différence qui le distingue de ses frères les animaux.

Les animaux sont naturellement programmés, lui, il est naturellement libre. Libre, l'individu peut cependant choisir son avantage personnel en oubliant ses semblables. Dans ce cas, sa liberté égoïstement motivée va empiéter sur celles des autres et semer la zizanie. L'injustice advient dès lors que la société entérine par ses lois les choix égoïstes. Le régime d'une société qui défend les intérêts particuliers est inégalitaire et tyrannique.

---

1. Rousseau, *Considérations sur le gouvernement de Pologne.*

Cette société soumet le pouvoir individuel de choisir à ses vains artifices et ses règles arbitraires. Pour réinstaurer la liberté ainsi enchaînée, les hommes ont à faire ensemble un autre choix. Choisir de confier la protection de leur liberté à l'ensemble du corps social. Renoncer chacun à son intérêt particulier et choisir de vouloir l'intérêt général. Fonder ensemble un État qui substitue à la liberté naturelle la liberté régie par la loi[1].

Cette nouvelle liberté est extrêmement difficile autant à conquérir qu'à conserver. À conquérir, car il s'agit de lutter pour renverser la tyrannie existante en risquant sa vie. À conserver en démocratie, car il faut subordonner en permanence son intérêt à l'intérêt commun. À vivre, car il s'agit de peser les conséquences de ses choix avant de choisir. À développer, car il faut en permanence combattre les périls intérieurs et extérieurs.

Il nous arrive de préférer la servitude aux exigences sévères de la liberté. De fixer notre attention sur les progrès des sciences et des techniques et de contribuer compulsivement à leur croissance accélérée. De nous détourner de l'intérêt général en cherchant à nous distraire individuellement par les artifices et les spectacles. Ainsi, au lieu de nourrir notre liberté, nous forgeons à nouveau nos propres chaînes. Et, au lieu d'agir en membres actifs du peuple souverain, nous laissons nos gouvernants gérer habilement nos cages, nos laisses et nos harnais.

Même garantie par des institutions démocratiques, notre liberté est exposée au péril de sa propre disparition. Ce péril est dans ma tendance à choisir la commodité immédiate contre l'intérêt humain durable.

---

1. C'est la théorie du *contrat social* : chacun renonce à sa liberté naturelle pour confier à tous, considérés comme un seul corps, le respect des libertés.

Choisis la liberté quel qu'en soit le prix

Rien n'est plus naturel, l'artificiel est partout.

Tu vis avec des prothèses électroniques, tes engins mobiles font partie de toi.

Sans ton système électroménager, tu travaillerais nuit et jour.

Te déplacer en auto, train et avion est devenu pour toi aussi naturel que marcher.

L'air que tu respires est pollué, même au sommet d'une montagne.

Tu t'accommodes, cependant, de tous ces artifices, car tu ne peux revenir en arrière ni te priver des acquis.

Sans les effets du progrès, tu verrais mal, tu aurais mal ou tu n'existerais peut-être plus.

Les couvertures sociales et autres indemnités te semblent droits acquis et allant de soi.

Mais il t'arrive de ne pas accomplir tes devoirs de citoyen, de t'abstenir de voter par exemple.

Il t'arrive aussi de voter sans trop savoir, par habitude ou réaction épidermique.

Es-tu sûr que tes choix sont libres ? Examine-les à l'aune de leur difficulté !

Tu hésites à donner ton avis pour éviter les ennuis ? L'ennui suprême est de renier ta liberté !

Trouves-tu la politique indigne de ton intérêt ? Ton indifférence joue contre la liberté !

Tu ne trouves pas ta place dans un parti ? Invente ton moyen de transmettre l'esprit de liberté !

Tu penses pouvoir être libre tout seul ? La préservation de ta liberté dépend de la remise en question !

La liberté intérieure te suffit ? Mais, sans la liberté d'expression, la libre-pensée s'étiole et périt !

Du fond de ma nature humaine, par-delà les couches qui me séparent de ma qualité d'agent libre, j'entends : « La liberté est ce qu'il y a de plus dur, car elle exige un courage de tous les instants ! »

Notes de pensée

À toi lecteur !

V.

Apprivoiser la mort

APPROCHE PHILOSOPHIQUE DE LA MORT

La conscience que nous en avons

Les questions qu'elle nous pose

Comment nous l'abordons

La mort ?

La mort est un mot posé sur un inconnu que notre pensée ne saurait contenir.

Tout vivant fait instinctivement la différence entre un être vivant et un cadavre. Un cadavre est un corps qui a cessé de vivre et qui a déjà commencé à pourrir. Le vivant humain constate que tout être vivant finit par cesser de vivre. Son constat s'accompagne de la conscience que, lui-même, il va un jour cesser d'exister.

Cette conscience est brouillée, car la conscience est toujours conscience de vivre. Le vivant humain sait que sa vie prendra fin mais ne peut croire à sa propre fin. Cette situation met chacun d'entre nous dans une contradiction indépassable. Toute conscience affirme l'inéluctabilité de la mort en général sans intégrer la sienne propre.

Cette contradiction suscite un dédoublement, un double avis, une double vie. Une partie de l'homme prend acte du fait de la mort, une autre n'y voit qu'une apparence. Cette dualité intérieure est projetée dehors, découpant la mort elle-même en deux. Le corps à l'évidence périt, mais ce qui a jusqu'ici animé ce corps survit peut-être ailleurs.

Ainsi, il y a ce que la mort donne à percevoir et ce qu'elle cache. Ce qu'elle cache, étant absolument inaccessible, laisse libre cours à l'imagination. Les représentations sur l'autre côté de la mort sont nombreuses et diverses. Survivance du double, réincarnation de l'âme, immortalité de l'esprit…

Pour apprivoiser cet inconnu inconcevable, la pensée déploie toute sa force créatrice.

Les morts

Avant de devenir une idée, la mort renvoie à ceux qui sont morts.

Les cadavres des hommes suscitent des sentiments et des comportements ambivalents. Foyers abjects de contagion, ils ne sont pas moins les enveloppes de ceux qui ne sont plus. Rappels terrifiants du sort de tout homme, ils renvoient aussi à un au-delà de leur présent. Réalités en voie de putréfaction, ils sont aussi les signes d'un passage à un autre état.

Ce mélange de répulsion et de fascination compose le sentiment du sacré face aux morts. L'aspect hideux se renverse en son contraire, la fin constatée devient un nouveau commencement. Les morts exigent des vivants la vénération, les vivants doivent célébrer leurs morts. La sépulture et les décorations qui leur sont associées sont les premiers signes de l'humanité.

On reconnaît l'apparition des hommes dans l'univers aux traces laissées par les rituels mortuaires. Les hommes sont les seuls animaux à enterrer les morts dans une certaine posture et en les parant. Ce soin, traduit par des coutumes différentes, prouve l'existence de croyances religieuses diverses. L'invention d'un au-delà de la mort guide les vivants dans la prise en charge des morts.

Le culte des morts est probablement à l'origine des représentations religieuses du monde. S'il y a une réalité après la mort, il y a des êtres qui sont au-dessus de la mort. Ces êtres sont divins, tantôt éternels comme les astres, tantôt immortels comme les dieux[1]. Et l'homme, dont la réalité ne se réduit pas à son corps, a lui-même quelque chose de divin.

---

1. Est éternel, ce qui est hors temps, ce qui n'a donc ni commencement ni fin. Est immortel, ce qui est né un jour mais dont l'existence ne prendra jamais fin. Le Dieu du monothéisme est éternel. Les dieux grecs sont immortels.

Le traitement des morts signale que l'homme ne peut se penser comme pure animalité.

Le rapport à la mort

La mort est vécue d'emblée comme le souci central de l'existence.

Parce qu'il se pense vivant, mourant et sur-vivant, l'homme se situe hors de sa vie. Exister, ce n'est pas simplement vivre, mais avoir conscience de vivre. Avoir conscience de vivre, c'est savoir que la mort peut arriver à tout moment. À tout moment et à sa façon, par cataclysme, faux pas, agression subie, maladie, guerre…

La mort peut frapper soi, ceux qu'on aime, ceux qui nous sont utiles, ceux auxquels on est habitué. Elle nous frappe au cœur de notre solitude, qu'elle nous supprime nous-même ou qu'elle nous ôte un proche. Je m'en vais seul, je reste seul ; je sais que je serai seul face à elle ou face au vide qu'elle laisse. Par la pensée de la mort, mon existence se trouve habitée par le souci de la mort.

L'appartenance à un groupe soudé autour du culte des dieux et des morts allège ce tourment. La chaleur des vivants qui croient en la survivance des morts éloigne la solitude et le froid. L'appartenance à une société individualiste et profane ajoute à la solitude l'isolement et le déni. L'isolement exacerbe la crainte de sa propre mort et le désarroi de survivre aux êtres aimés.

Le déni désaxe la conscience d'exister, car exister, pour un homme, c'est affronter la mort. Affronter la mort, ce n'est pas en contempler le spectacle mais en intégrer la réalité. En exhibant les morts en spectacle, notre société enveloppe la mort d'une étrange irréalité. Virtuellement omniprésente, la mort hante la conscience au lieu d'en solliciter l'attention.

Renvoyé aux périphéries, le souci existentiel central rôde autour de nous, comme la violence des banlieues.

Des inquiétudes aux questions sur la mort

L'inquiétude du cœur précède l'inquiétude de la pensée.

La mort est radicalement impensable et l'impensable est viscéralement inquiétant. L'inquiétude imagine la mort comme une punition et l'au-delà comme un lieu de jugement. La qualité morale de nos vies ferait l'objet d'un jugement séparant à jamais les « bons » des « mauvais ». Tout individu ayant des choses à se reprocher est inquiet de se retrouver du côté des « mauvais ».

La crainte d'être, après la mort, condamné à jamais entraîne la moralisation de l'existence. Souvent, c'est la peur du jugement irréversible qui contraint à s'interdire l'acte désiré. Comme il est malaisé de s'interdire la pensée du désir, la crainte frappe les pensées elles-mêmes. Un individu aux actes intégralement bons peut se sentir en faute à cause de ses intentions.

Par le lien établi entre mort et jugement, le sentiment de culpabilité entre dans la conscience. Par le lien irréductible entre la mort et la vie, le sentiment de culpabilité contamine l'existence. Au fond de lui, chacun de nous est inquiet d'être né maculé. Et si nous étions, à la naissance, marqués du sceau d'une faute commise par nos ancêtres ?

À force de suppositions génératrices de croyances, la pensée passe aux questions. Quel est le sens de l'existence humaine si elle est irrévocablement vouée à la mort ? Est-ce à nous de donner un sens à notre vie ? Ce sens dépend-il de notre attitude face à la mort ? Est-il possible de donner à notre existence mortelle un sens qui ne soit pas religieux ?

Le questionnement autour de la mort alimente, directement ou non, toute philosophie.

Le parti pris de la majorité des philosophes

Les philosophes s'intéressent surtout à la mort de soi.

Leurs interrogations portent d'abord sur la mort de l'homme en général. L'esprit est-il mortel comme le corps dont il connaît le caractère corruptible ? Le privilège de connaître sa condition ne prouve-t-il pas l'immortalité de celui qui connaît ? L'homme n'est-il pas un être double, composé d'un esprit immortel et d'un corps périssable ?

Par son esprit, l'homme est capable de dépasser la peur de mourir qui hante son cœur. Mais l'homme en général étant une abstraction, c'est à chaque individu de s'y mettre. Le dépassement de la crainte de mourir ne se transmet ni par héritage ni par enseignement. Tout est à reprendre, apprendre à mourir est une tâche qui revient, entière, à chacun.

Très peu nombreux sont les philosophes qui posent le problème de la mort d'autrui. Épictète le Stoïcien en parle pour dire que perdre un être aimé revient à perdre une jarre. Platon, Montaigne ou Pascal s'entraînent à se familiariser chacun avec sa propre mort[1]. Est-ce parce que le deuil est plus facile à celui qui a apprivoisé son propre rapport à la mort ?

Il est vrai que la mort des autres fait résonner l'angoisse de la mort en nous. Il est vrai aussi que la douleur de rester seul est le problème du survivant. Il est vrai enfin que survivre procure des sentiments ambivalents. Triste de la disparition de l'autre, nous avons quelque remords à continuer sans lui ou à nous sentir libéré de quelque chose malgré le chagrin éprouvé.

En me centrant sur ma propre mort, les philosophes me somment d'en prendre mon parti.

---

1. Jaspers est un des rares philosophes à aborder la perte de l'être aimé.

La mort à travers les sources de notre culture

Sur fond commun, la mort est diversement perçue dans la pensée hébraïque. Dieu crée l'homme à partir de la terre, le péché le voue à redevenir poussière du sol. À l'instant de sa mort, l'individu rend le souffle qui, jusque-là, animait son corps. Ses proches enterrent le corps après l'avoir lavé, sans l'embaumer, ni le brûler. Le sort attribué au souffle vital change avec les temps et les auteurs des Écritures. Tantôt le souffle est anéanti, suivant exactement le destin du corps dont il était l'âme. Tantôt il devient ombre errante au Chéol, lieu désert enfoui dans l'abîme d'où personne ne revient. Tantôt le souffle du juste rejoint un endroit mystérieux où il retrouve ses frères, les autres justes. Tantôt le souffle est l'esprit de l'individu qui ressuscitera au Jugement dernier pour être jugé. Survivance ou non, survivance fantomatique ou survivance précise, la mort n'est pas voilée. Quand elle n'est pas un néant, elle est posée comme un point obscur, un point qui interroge. En attendant la résurrection des morts, les âmes sont ombres errantes et consciences endormies. Quoi qu'il en soit, l'essentiel c'est la vie. Car est essentiel ce que Dieu a créé, et Dieu a créé la vie. Et parce que la vie est la réalité importante, *l'amour est plus fort que la mort.*

Pour les Grecs, rien n'est plus triste, pour l'homme, que de devoir mourir. Rien ne peut consoler l'homme d'avoir à quitter la lumière du soleil. Hadès n'a rien à donner, la barque conduit une ombre dans le royaume des ombres. Physicien philosophe, Démocrite affirme que l'esprit est matériel et, comme tel, mortel. Cette vision sans espoir est intolérable pour ceux qui croient en la puissance de la pensée. Sage et savant, Pythagore pose l'immortalité de l'âme face à la mortalité du corps. Philosophe imprégné du mysticisme pythagoricien, Platon démontre l'immortalité de l'âme. Délestée des pesanteurs du corps, elle verra la lumière de la Vérité, supérieure à celle du soleil. Le propos de Platon attire la pensée humaine comme un aimant le métal. La chose la plus affligeante se renverse en passage vers une vie infiniment plus désirable. Les sages d'Israël revisitent la mort à travers les croyances hellénistiques. La « résurrection des morts » devient la version juive de l'immortalité platonicienne. L'immortalité de l'esprit est désormais affirmée, même si les morts ressuscitent ici avec leur corps.

La croyance en la résurrection du Fils de Dieu constitue le cœur de la religion chrétienne. Mélangée avec la croyance platonicienne, elle affirme aussi l'immortalité de l'esprit. Mais aussi puissante que soit la foi, elle n'élimine pas l'angoisse.

Rencontres philosophiques

Des idées pour :

supporter

apprendre la mort

en aimant la vie

Montaigne et la dédramatisation de la mort

Tous les jours vont à la mort, le dernier y arrive... Tu meurs de ce que tu es vivant. La mort te tue bien sans le secours de la maladie... La Nature même nous prête la main, et nous donne courage. Si c'est une mort courte et violente, nous n'avons pas loisir de la craindre ; si elle est autre, je m'aperçois qu'à mesure que je m'engage dans la maladie, j'entre naturellement en quelque dédain de la vie... Nous sommes nés pour agir. Je veux qu'on agisse et qu'on allonge les offices de la vie, et que la mort me trouve plantant mes choux, mais nonchalant d'elle, et encore plus de mon jardin imparfait.[1]

La mort est inscrite dans le programme de la vie, elle en est la conséquence naturelle. Nous ne mourons pas de ceci ou de cela, nous mourons parce que nous sommes vivants. Composée, comme l'harmonie du monde, de choses contraires, notre vie mortelle est étrange. Effrayés par cette étrangeté, nous cherchons à fuir notre peur en n'y pensant pas. Mais évacuer de la pensée ce qui lui fait peur, c'est mettre la mort en arrière-fond de toute pensée...

Obsédante ou larvée, la crainte de la mort nous empêche d'apprécier notre vie. Or le prix de la vie ne se juge pas à sa longueur, mais à l'usage que nous en faisons. Aussi, *où que notre vie finisse, elle y est toute*, tout entière dans chacun de nos instants. Manifeste ou cachée, la peur de la mort nous prive de notre liberté. Nous som-

---

1. Montaigne, *Essais*.

mes libres en agissant et non en subissant nos peurs, les préjugés ou la volonté des autres.

Notre meilleure arme contre la mort est de lui enlever son étrangeté. En nous y accoutumant : sachant qu'elle peut advenir à tout moment, soyons toujours prêts à partir. En faisant confiance à la Nature : notre conscience s'adapte toujours à la mort qui nous échoit. En construisant notre vie : affairés au *métier de vivre*, nous vivons notre vie au présent. En nous dénouant partout : en étant détachés autant de notre moi que de nos possessions.

En somme, il s'agit pour nous d'apprendre à mourir en apprenant à vivre. En cherchant à comprendre, à travers ce que nous sommes, *la forme de l'humaine condition*. En incorporant nos connaissances dans notre âme sans nous encombrer de savoirs érudits. En lisant les anciens auteurs pour éclairer, à travers leur expérience, la nôtre propre. En libérant notre esprit des idées reçues en lui faisant parcourir le *grand livre du monde*.

La mort devient familière dès lors que nous l'intégrons dans la trame de notre vie. Dédramatisée, la mort nous aide à réaliser cette chose décisive qui est de *vivre à propos*.

Apprends à mourir

Tu ne peux « apprendre » que ce qui est connaissable, la mort est inconnaissable.

Il t'est donc impossible d'apprendre la mort, située hors de ton champ.

Cependant, tu ne peux rester comme ça, la mort est ton affaire.

Ce que tu ne peux apprendre te prendra, et cela remplit de crainte ton cœur.

Pour « apprendre » l'inconnu, il te faut prendre un biais connu.

Comme tu connais la vie, essaie de prendre la mort par le biais de la vie.

En pensant que ta vie est périssable, tu donnes au bonheur présent sa juste valeur.

En étant présent à ton présent, tu seras plein de vie, donc prêt à mourir.

En observant ta capacité d'adaptation, tu feras confiance à ta conscience.

Confrontée au danger mortel ou à la maladie incurable, elle saura t'y adapter.

La Nature fait bien les choses, laisse la nature faire son ouvrage en toi.

Trouves-tu la vie absurde parce qu'elle est mortelle ? Mais c'est la brièveté qui en fait le prix !

Crains-tu de périr d'une catastrophe ? Ta conscience s'arrangera pour croire en un mauvais rêve !

Crains-tu le cancer ou y es-tu déjà ? Chaque destin est unique, et toute conscience sait s'ajuster !

Crains-tu la mort subite ? Là, tu as vraiment tort, c'est une chance que tu peux te souhaiter !

Es-tu en bonne santé ? Réjouis-toi, ne songe pas à ce qui pourrait t'advenir !

As-tu peur de tomber malade ? Attention, la peur provoque la chose redoutée !

Te sens-tu fatigué de la vie ? Agis donc, la vie ne fatigue que si on subit ses événements !

Du fond de mon angoisse originelle et instinctive, par-delà toutes les horreurs que les médias m'envoient, j'entends : « Use de ta vie de telle sorte que la mort te trouve vivant ! »

À toi lecteur !

Spinoza et l'affirmation de la vie

PROPOSITION : l'homme libre ne pense à rien moins qu'à la mort, et sa sagesse est une méditation, non de la mort, mais de la vie. DÉMONSTRATION : l'homme libre, c'est-à-dire celui qui vit selon le seul commandement de la raison, n'est pas conduit par la crainte de la mort, mais désire le bien directement, c'est-à-dire qu'il désire agir, vivre, conserver son être selon le principe qu'il faut chercher l'utile qui nous est propre. Et par conséquent, il ne pense à rien moins qu'à la mort...[1]

Comme tout ce qui existe, l'homme est une expression de la Nature, réalité une et divine. La matière et l'esprit, le corps et la force sont les deux faces d'une même réalité. Tout être s'efforce à persévérer indéfiniment dans son être et cet effort fait sa puissance. L'homme est conscient de cet effort, et cette conscience constitue son désir. L'homme est naturellement et radicalement désir, le désir est notre force d'exister et d'agir.

La raison est la manifestation la plus active du désir, elle est désir de connaître et de comprendre. Le désir de comprendre est d'abord imagination, croyance et connaissance approximative. Puis, porté par son propre élan, le désir produit la connaissance rationnelle, qui saisit les causes. À ce stade déjà, la raison sait que la réalité est une

---

1. Spinoza, *L'Éthique.*

et que tout y est lié et interdépendant. Elle sait aussi qu'un homme appelle « bon » ce qui accroît sa puissance d'exister.

Ce qui accroît la puissance d'exister d'un homme, c'est d'agir le plus possible. Agir, ce n'est pas vaincre nos passions, mais nous libérer de celles qui nous affaiblissent. La haine, le remords, la crainte de l'opinion d'autrui, la peur de la mort nous diminuent. L'amour, la confiance, l'espoir, la joie, tout ce qui en nous affirme la vie nous fortifie. Fortifiés, nous sommes aptes à comprendre notre essence humaine.

Notre essence fait un avec la Nature, qui est Dieu, plénitude d'action et de joie. Craindre la mort, c'est ignorer ce que nous sommes, négliger notre force, nous attrister inutilement. Les thèses, païennes ou chrétiennes, qui prônent la méditation de la mort nient la vie. Or la sagesse consiste à aimer joyeusement, exclusivement, activement la vie. Et il n'y a qu'une sagesse, puisque la raison est commune à tous les hommes.

Un homme sage ne pense donc pas à la mort mais à la vie. Il sait que penser la mort affaiblit et asservit, alors que penser la vie renforce et libère.

Cherche à comprendre la vie

Pleine et complexe, la réalité attise notre désir de la comprendre.

Notre désir de comprendre la réalité est en même temps amour de la vie.

Désirer comprendre et désirer vivre est une seule et même chose.

Si ton désir le plus fort est de comprendre, ton effort pour comprendre absorbera ton attention.

Si ton désir de comprendre est faible, ta pensée rôdera du côté de la mort.

Mais tu es un homme, et ton désir, même très fort, a ses intermittences.

Si l'inquiétude de la mort te rend visite, concentre-toi sur autre chose et agis.

Ne confonds pas agir et être suractif ; l'activisme est une fuite et non une attitude libre.

Ne confonds pas tension et concentration ; la concentration va sereinement vers ce qui est central.

Ne confonds pas centrage et égocentrisme ; penser à l'essentiel n'est pas se replier sur soi.

Centré sur la réalité pleine et complexe, tu feras émerger en toi la pensée de la vie.

La pensée de la mort te hante ? Cherche à comprendre pourquoi cette hantise est en toi !

Tu te sens démuni face à ta hantise ? Fais appel à la réalité divine dont tu es une parcelle !

Tu n'y arrives pas tout seul ? Rapproche-toi de quelqu'un qui cherche aussi à comprendre !

Tu crois en l'immortalité de l'âme ? N'oublie pas de rendre d'abord hommage aux vivants !

Ta foi en Dieu te protège ? Rappelle-toi que Dieu est d'abord Vie et expose-toi à la vie !

Méditer te semble étrange ou vain ? Le premier sens de méditer, c'est s'exercer, donc agir !

Du fond de mon peu de sagesse, malgré les passions qui me font courber le dos, j'entends : « Pense avant tout à vivre ton désir d'exister en t'entourant d'autres qui te rencontrent dans cette pensée ! »

À toi lecteur !

Marc-Aurèle et la valeur absolue de notre vie

Devrais-tu vivre trois mille ans et même autant de fois dix mille ans, souviens-toi pourtant que personne ne perd une autre vie que celle qu'il vit, et qu'il ne vit pas une vie autre que celle qu'il perd. Par là, la vie la plus longue et la vie la plus courte reviennent au même. Car le temps présent étant le même pour tous ; le temps passé est donc aussi le même et ce temps disparu apparaît ainsi comme infiniment réduit ; on ne saurait, en effet, perdre ni le passé ni l'avenir ; car comment pourrait-on nous enlever ce qui ne nous appartient pas ?[1]

La mort est une donnée naturelle, inscrite dans l'ordre du monde, nous le savons. Ce que chacun d'entre nous ignore, c'est le moment et la façon de sa disparition. L'ignorance du quand et du comment nous donne l'illusion d'un pouvoir sur la mort. Cette illusion fait naître en nous le souhait d'une vie longue. Ce souhait ne change rien à rien, nous mourrons, d'une façon que nous ignorons.

Mais cette incertitude sur fond de certitude nous remplit de sentiments ambivalents. Nous sommes inquiets d'une mort qui peut survenir à tout instant. En même temps, nous remettons au lendemain ce que nous avons à faire aujourd'hui. Nous nous savons mortels et nous agissons comme si nous n'allions jamais mourir.

---

1. Marc-Aurèle, *Pensées pour moi-même.*

Notre peur de mourir cohabite avec l'illusion de notre propre immortalité.

L'ambivalence nous détourne de l'unique question importante que nous pose notre mort. Cette question est *comment vivre maintenant* en donnant à la mort sa juste place ? La mort est nécessaire à la Nature, car si rien ne meurt, rien ne naît ni ne renaît. Le fait de mourir ne change rien à la durée ni au contenu de la vie. Car la réalité d'une vie est dans le présent de celui qui la vit.

Égal pour tous, le présent diffère en fonction du sens que chacun lui donne. Il est creux pour celui qui reporte « son » essentiel à plus tard, celui-là se tue avant l'heure. Il est plein pour celui qui est présent à lui-même, à ses souvenirs ou à son instant. La sagesse consiste à faire de l'essentiel l'urgence du maintenant. Ce faisant, le sage vit hors du temps, il vit l'éternité à l'échelle humaine.

La vie est courte, l'âme tourbillonnante, la renommée une vague opinion. La seule chose qui peut nous aider à vivre sans trop de dommages est la philosophie.

Retrouve « l'urgence de l'essentiel »[1]

Tu as du mal à vivre au présent, car c'est la chose la plus difficile.

Si cette difficulté te semble insurmontable, essaie de comprendre d'où elle vient.

Le propre de ta conscience est de te projeter hors du présent, or tu es un être conscient.

Le propre de ton imagination est de te balader ici et là, loin de ce que tu vis maintenant.

Ta conscience et ton imagination te promènent du côté de la mort.

Et, redoutant la mort, tu souhaites compenser la perte en vivant longtemps.

---

1. L'expression est d'Edgar Morin.

Pourtant, une longue vie est aussi mortelle qu'une courte…

Et une vie longue peut aussi allonger ton angoisse au lieu de te consoler.

Pour aimer ce que tu vis et tenir au temps présent, concentre-toi sur ce qui est essentiel pour toi.

Tu te souviendras sans doute alors de tous les êtres que tu aimes.

Tu retrouveras l'amour des choses que la course quotidienne a usé.

Tu te rencontreras dans tout ce qui a déjà fait grandir ton esprit et élargi ton cœur.

Es-tu loin de ceux que tu aimes par distraction ? Souviens-toi qu'ils sont mortels !

Te prives-tu de ce que tu aimes pour plaire ? Rappelle-toi que tu es né pour être, non pour séduire !

Vis-tu beaucoup dans tes souvenirs ? Ne t'en fais pas, fais de tes souvenirs ton présent !

Vis-tu beaucoup dans tes attentes ? Attention, tu risques fort d'être déçu !

As-tu peur de tomber malade ? Applique-toi à tout faire pour être bien quand tu vas bien !

Envies-tu ceux qui ont eu la vie longue ? Demande-toi s'ils ont goûté chacun de leurs instants !

Du fond de mon impuissance à être présent au présent, malgré mon sentiment d'être un fugitif dans ce monde, j'entends : « Ne gaspille pas ta vie à la gagner ou à désirer la vivre, saisis ton essentiel et vis-le intensément ! »

À toi lecteur !

Bataille et l'angoisse
de la mort

Le caractère angoissant de la mort signifie le besoin que l'homme a d'angoisse. Sans ce besoin, la mort lui semblerait facile. L'homme, en mourant mal, s'éloigne de la nature, il engendre un monde illusoire, humain, façonné pour l'art : nous vivons dans le monde tragique, dans l'atmosphère factice dont la tragédie est la forme achevée. Rien n'est tragique pour l'animal, rien ne tombe dans le piège du mal. C'est dans ce monde tragique, artificiel, que naît l'extase.[1]

L'homme est en s'arrachant à l'immédiateté de la condition animale en créant des outils. La fabrication d'outils matériels permet à l'homme de survivre en transformant son milieu. De cette activité utilitaire naît la conscience, qui est faculté de découpage et de séparation. La conscience enfante la connaissance, qui est moyen de produire des outils conceptuels. La conscience et la connaissance, vitales pour la survie des hommes, séparent ceux-ci de la vie.

Car on n'atteint pas la vie au moyen des outils, la vie apparaît dans une révélation. Se révèle à moi le fait que je suis le fruit d'une *improbabilité infinie.* J'aurais pu ne pas être et pourtant je suis, tiré du néant par un jeu du hasard. Par la rencontre de mes parents et le croisement fortuit de leurs semences. L'improbabilité infinie d'où je viens est au-dessous de moi, de mon moi, comme un

---

1. Bataille, *L'Expérience intérieure.*

vide. Elle fonde ainsi au-dessus de l'abîme ma réalité, qui est *solitude fondamentale*.

Ce vide mystérieux me remplit d'une angoisse que rien ne peut apaiser. Occupations professionnelles et abstractions intellectuelles sont alibis de pacotille. Il me faut aller jusqu'au bout de ma nuit, sentir que la mort est la dissolution de tout. Cette plongée me livre la continuité absolue entre la mort et la vie. La vie est, comme la mort, gouffre sans limites où les contraires s'abolissent par anéantissement.

Plongeant ainsi, je découvre que la mort est la figure sans visage du sacré. Le sacré est comme un incendie, il irradie chaleur et lumière, il se propage et il détruit. En me procurant fascination et terreur, le sacré m'indique un sens que je ne comprends pas. L'amour est sacré comme la mort ; en désirant la fusion il tente d'abolir le moi, l'amour est à mort. Par l'amour, je fais l'expérience radicale de la tragique unité de la vie et de la mort.

L'expérience du sacré, en me libérant provisoirement de mon moi, me met en extase. L'art, création d'œuvres inutiles, est le fruit merveilleux de l'intuition du tragique de l'existence.

Va au fond de l'angoisse pour créer l'inédit

Tout être humain aurait pu ne pas être, tu es là comme par un tour de magie.

La venue d'un vivant au monde est incompréhensible, elle est un non-sens profond.

Avant ta naissance, tu n'étais pas, te tourner vers l'en deçà de ta vie c'est plonger dans le vide.

Ainsi plongé, tu découvres ce qui constitue le fond sans fond de ton être.

Cette plongée t'angoisse, l'angoisse te troue, l'angoisse te vide.

Ce vide crée le besoin, ce vide est à la source du désir.

De ton angoisse qui te transit tu as, paradoxalement, tragiquement, besoin.

C'est ton angoisse qui te mène au cœur de ton abîme, au vertige d'exister sans raison.

C'est encore elle qui te porte à désirer créer ce qui laisse transparaître l'abîme.

L'art est création de voiles très fins qui évoquent discrètement l'inévocable.

Grâce à l'art, ton expérience intérieure si douloureuse se transmue en aventure inattendue.

Es-tu tenté de vivre sans cesse en vertige ? Ressaisis-toi, tu ne seras pas heureux en étant fou !

Crois-tu que l'angoisse brute est créatrice ? Non, l'art exige une angoisse épurée !

Tu ne peux pas réaliser cette épure ? Contemple et écoute les beautés existantes !

Es-tu tenté de fuir l'angoisse par le travail ? Ne sois pas bête, tu muselles ta vie intérieure !

Rêves-tu d'une vie bien rangée ? Ne confonds pas ta vie avec un bureau, tu deviendras claustrophobe !

Rêves-tu d'un amour sans vagues ? Mais l'amour est un torrent qui ne protège pas contre la mort !

Désires-tu vivre ta vie vraiment ? Ose l'extase créatrice et nourris-toi d'art pour aimer la vie !

Du fond de ma solitude de vie et de mort, par-delà les vaines tentations de la fuir, j'entends : « Tu es contraint à aimer jusqu'à la mort une vie qui est elle-même tragiquement unie à la mort ! »

À toi lecteur !

Freud et l'ambivalence affective

Personne, au fond, ne croit à sa propre mort ou, ce qui revient au même, dans l'inconscient, chacun de nous est persuadé de son immortalité… Chaque jour, à chaque heure, dans nos motions inconscientes, nous écartons de notre chemin ceux qui nous gênent… Notre inconscient tue pour des choses insigni-fiantes ; comme l'ancienne législation athénienne de Dracon, il ne connaît pour les délits aucun autre châtiment que la mort… L'angoisse de la mort, dont nous subissons plus souvent la domination que nous ne le savons nous-même, est… issue le plus souvent d'une conscience de culpabilité. [1]

Ma relation à la mort est à l'entrecroisement de plusieurs attitudes contradictoires. Impuissant à me représenter ma propre mort, je la découvre par la mort d'une masse d'inconnus. Sans mauvaise pen-sée consciente, j'envoie verbalement au diable ceux qui m'incom-modent. À la mort d'un être aimé, je me sens amputé d'une part de mon propre moi bien-aimé. La mort de l'être cher éloigne en même temps de moi quelqu'un qui est resté un étranger.

Ma conscience est acculée à affirmer ma mort que mon inconscient ignore. Ma conscience morale s'effraie des désirs de mort qu'émet mon inconscient à longueur de vie. À la fois repoussé et attiré par la mort, je suis plein d'angoisse. Pour apaiser mon angoisse, mon psy-chisme dénie la mort ou me fait croire en l'immortalité. Pour me

---

1. Freud, *Essais de psychanalyse.*

calmer, mon psychisme sublime mes pulsions inconscientes de meurtre en altruisme.

Ma conscience morale ou religieuse puise son origine dans mon *angoisse sociale*. Les interdits sociaux me poussent à intérioriser mes pulsions agressives. Intériorisant mes pulsions, je me sens coupable d'être au fond tel que je suis. Je me sens coupable de désirer secrètement la mort de l'être que j'aime sincèrement. La mort de l'autre aimé m'engouffre dans ma contradiction irrémédiable.

Je m'en veux d'être à la fois asocial et social, naturellement égoïste et en désir sincère de l'autre. Je crains la mort de l'être aimé parce que je sens qu'elle va me renvoyer à mon nœud indéfaisable. Je m'en veux d'en vouloir à l'être aimé mort de m'ôter les jouissances que notre lien me procurait. Je m'en veux à mon insu de survivre, car à mon insu je me sens délivré d'un étranger. Et j'ai peur de survivre, car la mort de l'autre aimé a mis ma conscience face à ce qu'elle ignore de moi-même.

Le deuil fait émerger l'ambivalence de notre relation à la mort en la dissimulant. Il nous met au plus près de notre être primitif, qui est indifférent à la mort, au bien et au mal.

Comprends l'humaine contradiction

La mort des autres lointains ou inconnus te fascine, c'est humain, ne t'en fais pas.

En mourant, ces autres ont réussi la chose la plus difficile, ils ont traversé la rive.

La mort produite massivement par les guerres t'effondre, tu ne sais pas trop pourquoi.

En fait, l'horreur mortifère signale l'échec de la civilisation qui n'arrive pas à enrayer sa violence.

La mort des proches aimés t'attriste ou t'affole, c'est inévitable, prends-en ton parti.

En mourant, ces autres aimés te mettent face à ta peur de ta propre mort.

Pourtant, c'est seulement en spectateur hissé sur les gradins que tu « vois » ta mort.

Ton imagination te trouble en mettant en scène ce à quoi tu n'assisteras pas.

Ton désir de vivre toujours se mélange à ton désir/crainte de sur-vivre à ceux que tu aimes.

Ton attirance pour les morts lointaines te trouble ? Ton incons-cient y trouve son compte, ne lui en veux pas !

Tu trouves les guerres affreuses ? À trop te vouloir moralement raffiné, tu y contribues aussi !

Tu trouves les violences terribles ? À trop réclamer la sécurité, tu y contribues !

Te sens-tu terrifié de te retrouver veuf un jour ? Cherche quel est cet autre toi-même qui t'effraie tant !

Tu souhaiterais que la mort fasse une exception pour toi ? Fais plutôt que ta vie soit exceptionnelle !

Tu n'en peux plus de la complexité de vivre ? Confie à ton incons-cient le soin de traiter les contradictions que tu as eu le courage de faire affleurer à ta conscience !

Du fond de mon fouillis d'antagonismes obscurs, depuis mes angoisses parlantes ou muettes, j'entends : « Tu n'es pas coupable d'être une énigme à toi-même, tu es né homme malgré toi ! »

À toi lecteur !

Jaspers et la relation par-delà la mort

La mort de l'être le plus aimé, avec qui je suis en communication, est dans la vie phénoménale[1] la plus profonde cassure. Je suis resté seul, au dernier instant, où laissant seul le mourant, je n'ai pas pu le suivre. Il n'y a pas de retour en arrière ; c'est la fin pour tous les temps… La solitude devant la mort semble parfaite, pour celui qui meurt comme pour celui qui reste… Pourtant, l'actualisation de l'amour dans une communication sans réserve, dans laquelle on s'engage totalement, est indestructible, ce qui signifie que la fidélité subsiste même à la mort… Si elle a été réelle, la communication ne peut cesser, il lui faut seulement changer de forme.[2]

Ma mort est à la fois ce que je ne vivrai pas et ce dont je ne pourrai jamais revenir. Dans les situations les plus difficiles de la vie, je peux espérer revenir à moi du fond de l'abîme. Mais quand la mort arrive pour moi, je n'y puis rien, je suis absent à moi-même. Anticiper mon *non-savoir absolu* face à ce qui me concerne le plus personnellement me pétrifie. Ce qui m'angoisse, c'est à la fois de ne plus vivre et de ne pas pouvoir vivre ma mort.

L'angoisse existentielle est l'angoisse de savoir que je serai absent de ma mort. Cette angoisse exige de moi un courage particulier,

---

1. Phénoménal signifie ce qui apparaît à nos sens, ce que nous percevons et ressentons. En philosophie, on distingue souvent le « monde des phénomènes » du « monde des idées ».
2. Jaspers, *Philosophie*.

celui de *mourir sans illusions*. Ne pas fuir en imaginant que tout va continuer un peu autrement ailleurs. Ne pas me centrer sur mon moi biologique et son bien-être vital et sa longévité. Ne pas m'anesthésier par les sagesses d'indifférence, qui prônent que la mort n'est rien.

Être sans illusions, ce n'est pas désespérer mais donner à l'existence un autre *éclairement*. Tout ce que nous atteignons meurt, tout accomplissement dans la vie est une sorte de mort. C'est pour cela que ce qui est achevé devient pour nous un nouveau commencement. Voir la mort sans illusions, c'est y voir la fin d'une vie accomplie. C'est aussi affronter la mort de l'autre aimé et la solitude dans laquelle elle met.

La mort en tant qu'événement ne peut jamais être que celle des autres proches. La mort de l'être aimé est terrible, rien ne peut compenser cette perte irrémédiable. Mais la perte de l'autre n'est pas perte de l'amour, la mort ne met jamais le vrai amour au passé. À moi de poursuivre le lien en poursuivant autrement notre communication authentique. En l'absence physique de l'autre aimé, à moi d'inventer une autre forme de relation.

La *mort existentielle* me révèle la valeur de l'existence et de tout ce que j'y construis. La mort de l'autre aimé me rappelle qu'il me revient de rendre notre amour plus fort que la mort.

Aie le courage de la mort existentielle

Tu seras seul au moment de ton départ, il n'y a rien à faire, c'est la vie.

Sans doute survivras-tu à plein de proches, en un sens nous sommes tous des survivants.

Peut-être perdras-tu l'être que tu aimes, en tout cas tu vivras la mort d'êtres aimés.

La mort est solitude, quoi qu'il en soit.

Cette solitude n'est pas la même selon qu'on part et selon qu'on reste.

Rester est plus dur que partir, car il faut se construire à nouveau.

La mort est inconnaissable, la maquiller par des croyances et des théories ne change rien.

Mais tu peux passer des illusions au courage d'assumer la fin de l'existence.

Tu peux suspendre consolations et distractions pour voir ton existence dans sa crudité.

Cette crudité n'est pas cruelle dès lors que tu tisses avec les autres des liens authentiques.

Ne sais-tu pas comment tisser ? Rencontre les autres à travers des choses réelles !

Ignores-tu ce qu'est une chose réelle ? C'est une situation que tu regardes sans lunettes protectrices !

As-tu peur de t'exposer ? Tu te prives de la possibilité d'apprendre et de grandir !

Ne sais-tu pas comment avancer ? Transforme les difficultés en épreuves pour mûrir !

Trouves-tu cela trop dur ? Si tu pratiques la communication existentielle tu seras accompagné !

Es-tu accablé de survivre à l'être aimé ? Si votre relation est dense, fais confiance à votre relation !

Es-tu révolté contre la mort de l'aimé ? Mais la mort ne peut emporter ce qui existe dans ton cœur !

Du fond de ma peur de rester seul à attendre un fait que ma conscience ne verra pas, j'entends : « Fais de ta vie une véritable *existence*, une vie d'amour et d'accomplissements indestructibles ! »

À toi lecteur !

Jonas et le droit
à sa propre mort

Le droit à sa propre vie… inclut le droit à la mort comprise comme étant sa « propre » mort. Ce droit est véritablement inaliénable, bien que la faiblesse humaine préfère assez souvent y renoncer… Il faudrait que le médecin soit prêt à honorer le sens capital de la mort pour la vie en sa finitude et qu'il ne refuse pas à un autre mortel le privilège de bâtir une relation avec la fin qui approche – de se l'approprier à sa manière à lui, que ce soit dans la résignation, dans la réconciliation ou dans la révolte, en tout cas, dans la dignité de la connaissance.[1]

La vie n'est pas un droit, puisque chaque vivant naît par une sorte de décision de la Nature. Le droit suppose la décision des hommes, tout droit correspond au pouvoir d'exiger quelque chose. Nous sommes les seuls vivants conscients de vivre et capables de nous projeter hors du présent. Nous sommes aussi les seuls vivants qui modifient les données de leur environnement. Par les outils et par les règles sociales, nous adaptons la Nature à nos besoins.

Cette adaptation est d'abord le combat pour la vie mené par des vivants qui se savent mortels. La technique compense la déficience de nos instincts, les règles limitent notre agressivité. Notre conscience et nos actions nous apprennent que la vie est pour nous le

---

1. Jonas, *Le Droit de mourir.*

premier bien. Toutes nos réalisations supposent que nous soyons vivants, et nous préférons la vie à la mort. Ainsi la vie devient pour nous une exigence et cette exigence finit par s'exprimer dans un droit.

Le droit de toute personne à la vie figure en premier dans la Convention des Droits de l'Homme. Ce droit inclut implicitement le droit de chaque individu à sa propre mort. Unique, chacun d'entre nous meurt, et sa mort est aussi unique et singulière que sa vie. Priver un homme de la relation personnelle avec la fin de sa vie, c'est nier son humanité. Cette négation a lieu à chaque fois qu'il y a production massive de la mort.

En pratiquant la mort industrielle, les nazis ont volé aux gens leur mort. Le vol de la mort est un crime perpétré contre l'être humain. Le choix de mourir appartient à l'individu qui souffre jusqu'à ne plus supporter sa vie. Accompagner l'autre dans ce choix, c'est le respecter dans sa dignité d'homme. Quand la vie est devenue invivable, choisir sa mort c'est assumer sa vie.

La question du droit de mourir est régie par la notion de la vie. C'est parce que la vie est notre droit inaliénable que notre mort l'est aussi.

Accompagner l'autre qui va mourir

Tu peux te faire ta propre religion dès lors que tu respectes autrui.

Notre religion interdit le suicide, elle dit que c'est à Dieu de reprendre ce qu'il nous a donné.

D'autres religions autorisent le suicide s'il est au service de la gloire de Dieu.

Le sage stoïcien estime que le suicide relève de l'exercice de la liberté individuelle.

La culture japonaise exige le suicide du samouraï qui n'a pu sortir victorieux du combat.

Des thèses contraires s'affrontent à propos de ce qu'on appelle maladroitement l'euthanasie[1].

Les uns appellent homicide ce que d'autres qualifient d'acte de générosité.

Mais toutes les cultures affirment qu'il est indispensable d'accompagner les mourants.

Toutes les cultures attribuent au passage de vie à trépas un caractère sacré.

Partout, les morts sont accompagnés à leur ultime demeure.

Ta foi religieuse t'ordonne-t-elle une attitude ? Suis-la pour toi, ne l'impose pas aux autres !

Ta peur de rester seul te dicte de maintenir l'autre en vie ? Cesse donc de penser à toi !

Tu désires aider celui qui se sait condamné ? Ne crains pas de lui parler de sa mort !

Tu es désemparé face à une situation inextricable ? Pose-toi la question de la dignité humaine !

Tu ne sais pas comment y répondre ? Demande-toi comment toi tu désires sortir de cette vie !

Tu aimes profondément l'autre qui cherche sa sortie ? Accompagne-le à mourir librement !

Tu ne sais pas ce que liberté à ce propos veut dire ? La liberté est le choix que fait chacun !

Du fond de mon effroi devant une vie qui désire mourir, par-delà mes croyances, j'entends : « Ton devoir d'homme est de tout faire pour que l'homme, toi ou l'autre, meure dignement ! »

---

1. Le mot, d'origine grecque, signifie la bonne mort. Or il est impossible de parler de bonne mort quand la maladie a usé un être humain jusqu'au bout.

À toi lecteur !

VI.

Vivre l'amour

APPROCHE PHILOSOPHIQUE DE L'AMOUR

Ce qu'aimer veut dire
Nos manières d'aimer
Comment mûrir d'amour

Aimer ?

Aimer, c'est éprouver une préférence affective pour quelqu'un et désirer s'unir à lui[1].

Tout être vivant sexué est instinctivement attiré par ses semblables de sexe différent. Cette attirance a pour finalité la perpétuation de l'espèce, mais les individus ne le savent pas. Inconscients de cela, ils ressentent le plaisir des sens que procure l'union physique. Seul l'être humain sait que l'union des corps procure à la fois jouissance et descendance.

Conscient de son être éphémère et mortel, l'homme désire se relier durablement à un autre préféré. Tout amour lutte contre la mort en utilisant les chemins de durée que lui offre la vie. Prolonger le temps de présence de l'autre aimé, se renouveler grâce à lui, cheminer ensemble. S'engager avec lui pour la vie, construire une famille, avoir une descendance, se prolonger.

Quand j'aime, je ressens que cet autre m'est nécessaire et que je suis nécessaire pour lui. Quand j'aime, je désire me sentir bien grâce à la disponibilité de l'autre aimé à mon endroit. Quand j'aime, je désire croiser nos générosités, offrir à l'autre aimé ce qu'il désire lui-même. L'amour est désir de donner et de se donner, désir aussi d'être reconnu et comblé en retour.

L'ancrage de l'amour dans le désir en signale le caractère irrationnel et profondément personnel. La préférence s'impose à moi, elle vient de mes tréfonds, irrésistiblement, inexplicablement. Ma préférence me pousse à combler mes manques et à panser mes peines à travers l'autre aimé. Dans mes amours et mes amitiés, je me sens engagé moi-même, tout entier.

---

1. La langue française est la seule à user du même verbe pour désigner l'amour d'une chose et l'amour d'une personne. En anglais, la distinction se fait entre *like* et *love*, en italien et les autres langues latines entre *piacere* et *amare*, en grec ancien entre *philein* et *eran*.

En aimant, je m'élance vers l'autre à travers tout ce que je suis, et ce tout échappe à ma maîtrise.

Aimer pourquoi ?

Si j'étais tout et immortel, je me suffirais à moi-même et je n'aimerais personne.

Être humain, je suis né inachevé, impuissant à survivre sans l'aide de mes semblables. Ma naissance a rompu le lien fusionnel avec ma mère et avec sa sécurité chaleureuse. À peine né, j'ai aimé la chaleur de certaines présences et souffert de leurs retraits. Au fil du temps, s'est révélé à moi mon désir pressant d'attirer certaines préférences.

L'amour naît seulement dans un être que la nature a créé imparfait, séparé, criblé de manques. Il naît seulement dans un être conscient du manque et inquiet de se retrouver isolé, perdu. Pour nous autres humains, l'isolement signifie la dégénérescence, le malheur et la mort. Privés d'échanges, rivés à nos manques, enfermés dans notre solitude, nous périssons.

Nos attachements affectueux sont, en fait, des canaux nourriciers de notre être d'homme. Un homme est une âme qui aime[1], qui aime un corps, un esprit, une belle activité, un idéal. Aimer, c'est désirer s'unir et jouir, s'unir sexuellement, s'unir par la pensée ou les deux. Obscurément, nous éprouvons notre imperfection constitutive comme une amputation.

En aimant d'amour ou d'amitié, notre être à notre insu se met en quête d'une unité perdue. En aimant, notre être cherche une plénitude dont notre raison connaît l'impossibilité. En aimant, notre

---

1. À la question *qu'est-ce donc que l'homme ?*, Platon répond *un homme, c'est son âme* (*Alcibiade*). Et à la question *qu'est-ce donc que l'âme ?*, Platon répond que l'âme est désir, et plus fondamentalement, amour. (*Banquet*).

être veut immortaliser le lien avec l'autre aimé, qui est, comme nous, mortel. En aimant, notre être veut se perpétuer, lui, en semant avec et à travers les êtres qu'il aime.

L'amour exprime le désir d'absolu dont notre âme porte le sceau à sa venue au monde.

Aimer comment ?

L'amour est multiforme, car le désir a différentes manières de s'attacher.

Aimer passionnément, c'est avoir une préférence exclusive qui dévore l'existence. Centré sur un seul être, l'amour passion est extatique, possessif, idéalisant, tourmenté. Nous voici ravis à nous-mêmes, dans l'enchantement de nous unir à un dieu. Hors de nous, exaltés, aveugles, jaloux et prêts à tout. Aimer tendrement, c'est avoir le cœur fondant pour un autre, sans pour autant fondre soi-même. Ouvert aux autres, l'amour tendresse est apaisant, généreux, attentionné, lucide, inquiet. Nous voici touchés par un autre que nous sentons fragile dans sa précieuse singularité. Puisant dans le meilleur de nous-même, nous allons vers lui pour le protéger.

Aimer amicalement, c'est éprouver des sentiments d'affection et d'estime réciproques. Épanouissant, l'amour amitié est échange infatigable de joies, de peines, d'expériences, d'idées. Nous voici riches des chemins que nous croisons, désireux de mûrir l'un grâce à l'autre. Nous allons vers l'ami pour nous chercher nous-même et il nous cherche pour cela même.

Aimer charitablement, c'est secourir tout autre sans le juger, aimer en lui l'humanité. Compassion pour l'autre homme, l'amour charité s'alimente à une force qui nous dépasse. Nous voici portés par un courant mystérieux qui nous remplit d'énergie ensoleillée. Nous percevons en l'autre inconnu un frère et nous l'aidons en le laissant passer.

Chaque forme de l'amour exprime différemment notre désir d'absolu.

Aimer pour combien de temps ?

Tout amour désire l'éternité tout en sachant que l'éternité n'est pas de ce monde.

Quand on aime, on aime pour toujours et ce toujours porte en lui l'angoisse de sa folie. Chacun sait que la vie finit toujours par séparer ceux qui s'aiment. Si l'amour ne meurt pas, le jour viendra où l'un des êtres qui s'aiment mourra avant l'autre. Le pressentiment de la séparation fait qu'il n'y a pas d'amour pleinement heureux.

L'amour souffre d'une double crainte, celle de perdre l'amour et celle de perdre l'aimé. Un amour qui se retire est un désert qui s'ouvre, l'être aimé meurt et tout devient insensé. Cette souffrance fait partie de l'amour, elle en est le cœur tragique. Seuls échappent à cette souffrance les amants qui se donnent la mort au solstice de leur amour.

Pour ne pas cesser d'être, l'amour peut choisir la voie des transformations. De passion, il se fait désir d'enfant, puis amour des enfants de l'amour, puis tendresse. En devenant tendresse, l'amour offre au couple la chance de s'aimer autrement. Et si l'un des deux tombe amoureux d'un autre, l'ancien amour peut se muer en amitié.

L'amitié doit elle-même combattre pour ne pas s'émousser ou s'éteindre. La routine, l'évitement du conflit, tuent l'amitié quand même ils en maintiennent l'illusion. Pour continuer d'être, l'amitié peut choisir la crise. Moment décisif, la crise décide d'un nouveau positionnement des forces de l'attachement.

Un amour qui a duré jusqu'à la mort a vaincu, non pas la mort, mais le temps.

L'amour et la raison

La raison n'entend rien à l'amour et s'obstine, pour cela, à en faire son objet.

La raison cherche à capturer ce qui lui échappe en lui tendant ses filets. Quand l'amour s'empare du cœur, la raison se met à empoisonner l'esprit. Es-tu certain que l'autre t'aime comme tu l'aimes ? Es-tu sûr qu'il ne te trompe pas ? N'es-tu pas en train de trahir tes principes ? Et si tu perdais ton temps et ton argent ?

La raison cherche à enrayer les excès de l'amour en montrant ses griffes. Ce qui s'enflamme en l'homme c'est la part inférieure de son âme, sa part maudite. L'inflammation peut être traitée par la raison, instance de lucidité et de mesure. Le propre du sage est de dominer ses passions, à commencer par la passion d'amour.

La raison cherche à expliquer le phénomène de l'amour en déployant ses concepts. L'amour est une forme du désir, or il n'y a ni connaissance ni action sans désir correspondant. L'amour est bivalent, indispensable pour construire, néfaste quand il détruit. C'est la raison qui définit le bon et le mauvais amour, ou le bon usage de l'amour.

La raison est amenée à déclarer forfait tout en persévérant dans son exercice. Platon fait de l'amour l'intermédiaire entre le monde du devenir et le monde des Idées. Spinoza fait de l'amour l'expression de la connaissance qui comprend le Tout. Hegel nous dit que rien de grand ne s'est jamais fait dans le monde sans passion.

Sans l'entendre, la raison accorde à l'amour son attention la plus tendue.

L'amour aux sources de notre culture

La pensée grecque accorde la première place à l'Amour, dont elle fait un dieu.

Décrivant la naissance du monde[1], Hésiode situe le dieu *Éros* à deux moments de sa genèse. Éros apparaît pour la première fois après Chaos et Terre, force irrésistible qui l'emporte sur tous les sages vouloirs. Éros réapparaît après la castration du Ciel[2]. Née du sperme d'Ouranos, castré par Cronos, jaillit Aphrodite qui enfante Éros. Principe cosmique, l'amour est aussi cette force invincible qui s'abat sur tous les vivants. Les dieux en sont autant esclaves que les hommes, l'amour les fait tous délirer et dévier. L'amour est tragique, celui qui aime voit l'être aimé mourir ou le tue par jalousie. La vie est tragique, car l'homme aime la vie par-dessus tout et la vie le tue. L'amour est indissolublement lié à la haine, insatisfait il se renverse en son contraire. Le travail du philosophe est de convertir l'amour/haine en amour du savoir. En désirant connaître, *éros* devient progressivement *philia, philo-sophia*.

La pensée chrétienne s'articule tout entière autour d'un certain amour. *Éros* et *Philia* cèdent la place à *Agapè*, amour de l'esprit pour l'esprit. Agapè est l'inconditionnelle et généreuse bienveillance que donne la foi. En même temps, la pensée chrétienne fait de l'amour le premier commandement. *Tu aimeras ton Dieu de tout ton cœur, et ton prochain comme toi-même.* Cette position donnée à l'amour n'est pas simple. Le plus incontrôlable des sentiments est sommé d'obéir aux ordres. Il doit être là, et s'il n'est pas, l'homme n'est rien. Sans l'amour, le plus savant des hommes

---

1. Hésiode décrit la naissance du cosmos comme une *théogonie*, c'est-à-dire comme la genèse d'une multiplicité de dieux par engendrements successifs. Les premiers dieux se confondent avec les forces de la nature (Ciel, Terre, Nuit, Jour…) ; les dieux de la deuxième génération sont des divinités monstrueuses (les Titans…) ; ceux de la troisième sont anthropomorphiques (ce sont les dieux de l'Olympe).
2. Gaïa est le nom grec de la Terre, Ouranos le nom grec du Ciel. Épuisée d'être écrasée par son époux Ouranos, qui l'empêche de mettre hors de son ventre les enfants qu'il lui fait, Gaïa charge l'un de ses fils, Cronos, de castrer son père.

est cymbale qui résonne. Les mystiques aimeront Dieu passionnément, amoureusement, dans l'extase. Les calculateurs mesureront l'amour de Dieu et du prochain aux bonnes œuvres. Impénétrable par la raison, le message évangélique n'est accessible qu'au cœur.

Entre le dieu Amour des Grecs et l'amour de Dieu chrétien il y a une grande distance. Notre culture a fait de cette distance le lieu du combat entre la chair et l'esprit.

Ce faisant, notre culture a oublié les richesses de la Bible hébraïque. L'amour de la chair s'y trouve vibrant d'esprit et Dieu chéri comme un amant.

RENCONTRES PHILOSOPHIQUES

Des idées pour :

comprendre

vivre

donner l'amour

Empédocle et la tension cosmique

Et cet antagonisme est tout à fait visible dans la masse des corps des mortels ; car tantôt l'Amour peut rassembler en Un tous les membres que possède le corps : c'est dès lors son acmé, lorsque l'être fleurit dans toute sa vigueur ; tantôt, rendus épars par l'odieuse Discorde, ils errent seuls, poussés vers les lointains rivages de la mer et de la vie. Tel est le sort aussi des arbres, des poissons qui vivent sous les eaux, des animaux qui nichent au flanc des monts, et des oiseaux voiliers des airs.[1]

Le Tout est l'ensemble de ce qui est et dans lequel se déroulent nos vies individuelles. Cet ensemble tient par ses racines éternelles, et ces racines sont les quatre éléments. Air, Terre, Eau, Feu sont substances nécessaires, tout ce qui est en est composé. Mais les réalités qui composent l'univers sont diverses et en continuels changements. Leur variété et leur devenir expriment une dynamique cosmique dont il faut trouver la clé.

Cette clé est dans les relations entre deux principes antagonistes, l'Amour et la Discorde. En somme, le Tout est à comprendre à partir de nous qui sommes ses membres. En nous coexistent deux penchants, l'un nous porte à nous réunir, l'autre à nous disperser.

---

1. Empédocle, *Fragments*.

L'union est accord constructif, la dispersion est désaccord destructeur. Chacun de nous est pris entre un désir d'harmonie et une force qui le divise.

Il en est de même pour notre univers, qui a surgi d'un drame cosmique. À l'origine, il y avait l'Être primordial ou *Sphairos*, réalité sphérique[1] pleine et joyeuse. Joyeuse de son harmonie intérieure, faite d'oppositions génératrices d'accords merveilleux. Puis surgit le drame cosmique, entre l'Amour et la Discorde éclata un conflit sans fin. Ce conflit donna naissance à notre monde, composé de réalités distinctes et mouvantes.

Toute réalité est accord provisoire sur fond de tension permanente. Elle s'épanouit quand l'Amour l'emporte, elle souffre et se détruit quand triomphe la Discorde. Elle est en stabilité précaire lorsque l'Amour et la Discorde trouvent un équilibre. L'homme désire l'amour, mais est sans cesse aux prises avec ce qui divise son être. Notre monde est une région de larmes, car nous sommes voués à la séparation et aux conflits.

L'amour humain, expression de l'Amour cosmique, désire l'unité sans pouvoir l'accomplir. Pourtant, l'amour de la beauté du monde nous procure une joie qui console notre misère.

Comprends l'amour à partir de l'univers

Tu es poussière d'étoiles, tout l'univers s'exprime aussi en toi, ne l'oublie pas.

---

1. La forme sphérique symbolise la plénitude. On la retrouve dans le mythe de l'amour que Platon attribue au poète Aristophane : à l'origine, chacun d'entre nous avait une forme sphérique, car il était complet, se suffisant à lui-même ; il était deux en un, femme/homme, homme/homme ou femme/femme, il avait deux paires d'yeux, de bras et de pieds ; il voyait de tous côtés et roulait partout, jouissant sans défaillance de la compagnie de l'autre auquel il était indissolublement attaché (*Banquet*).

L'univers est complexe, sa complexité se nourrit à ses forces antagonistes.

Tu es *la fleur de l'hypercomplexité*[1], en toi la tension des contraires atteint son comble.

De ce comble irréductible, tu peux faire ton point d'achoppement ou ta pointe de chance.

Tu peux rester écartelé, reproduisant en toi les tensions du monde.

Mais tu peux aussi composer, à partir des discordances, ta précieuse et fragile harmonie.

Les tourments de l'amour sont inhérents à l'amour, aimer c'est se coltiner le tourment.

Mais au lieu de les vivre comme un malheur, tu peux les inscrire dans la trame cosmique.

Ainsi, à chaque turbulence, tu sentiras l'univers tout entier vibrer en toi.

Ton amour cherche-t-il toujours querelle ? Attention, le piment est nécessaire sans excès !

Sens-tu ton amour menacé du dehors ? Ressaisis-toi, le péril est toujours en la demeure !

La jalousie déchire-t-elle ton amour ? Accepte ta jalousie, mais ne fais pas la guerre !

La jalousie étouffe-t-elle ton amour ? Alors, centre-toi sur l'amour, il t'évitera la destruction !

Désires-tu de l'amour sans tempête ? Allons ! Un ciel sans tempête n'a jamais existé !

Rêves-tu d'un monde où tout est rose ? Mais l'aurore n'arrive que grâce à la nuit !

---

1. L'expression est d'Edgar Morin, cf. *Le Paradigme perdu, nature humaine*.

Du fond des contradictions qui m'écartèlent, à travers mon amour troublé d'ambivalences, j'entends : « Mise sur ton amour pour découvrir ce qu'il porte en lui d'irréductiblement beau ! »

Notes de pensée

À toi lecteur !

Sophocle et la toute-puissance de l'amour

Amour, invincible Amour, tu es tout ensemble celui qui s'abat sur nos bêtes et qui veille, toujours à l'affût, sur le frais visage de nos jeunes filles. Tu vagues au-dessus des flots, aussi bien que dans les campagnes où gîtent les bêtes sauvages. Et, parmi les dieux eux-mêmes ou les hommes éphémères, pas un être ne se montre capable de t'échapper. Qui tu touches, aussitôt délire. Tu entraînes les justes sur les routes de l'injustice, pour leur ruine... Qui triomphe donc ici ? C'est le désir... le désir dont la place est aux côtés des grandes lois, parmi les maîtres du monde.[1]

Par respect des lois non écrites, Antigone s'oppose aux lois du pouvoir établi. Contre l'interdiction de Créon, elle veut enterrer son frère, coupable de fratricide. Polynice tua Étéocle pour s'emparer du trône laissé vide par leur père Œdipe. Face à la ville de Thèbes, Créon s'est engagé à laisser Polynice sans sépulture. Pour Antigone, c'est pécher contre les dieux que de ne pas ensevelir un homme.

Par respect de la parole donnée à ses concitoyens, Créon doit maintenir l'interdiction. Mis face au refus d'Antigone de céder, il est acculé à punir celle-ci de mort. Situation tragique, car Antigone est la fiancée du fils de Créon, Hémon. Créon aime son fils et sa future belle-fille. Antigone aime Hémon qui aime Antigone.

---

1. Sophocle, *Antigone*.

Antigone choisit de mourir emmurée plutôt que de transgresser la voix de sa conscience.

La mise à mort légale d'Antigone va séparer les amants au sommet de leur amour. C'est à ce moment crucial que le Chœur entonne l'hymne à l'Amour. La loi de l'Amour, placée au-dessus des lois divines et humaines, révèle sa toute-puissance. À la loi de l'Amour, tous sont irrésistiblement assujettis, bêtes, hommes et dieux. La loi de l'Amour est celle du désir, qui entraîne tous et tout dans son torrent de feu.

La force de l'Amour est dans sa capacité de renverser l'ordre des choses. L'homme raisonnable se met à délirer, l'homme juste commet l'injustice. Enragée par son amour jaloux, Phèdre cause la mort du jeune Hippolyte. Zeus se transforme en pluie d'or pour séduire la belle mais mortelle Sémélé. Et Antigone aime son idéal plus intensément qu'elle n'aime son amoureux.

Force qui mène le monde, l'amour est ce contre quoi on ne saurait lutter. Il est ce feu qui consume nos cœurs et nos vies à mort et jusqu'à la mort.

Reconnais ton amour le plus fort

L'amour arrache les réalités à l'indifférence en leur donnant un prix élevé.

Aimant à partir de ta singularité, tu attribues aux choses que tu aimes tes prix à toi.

Tu établis ainsi une échelle, et cette échelle finit par s'imposer à toi.

Au fond de toi tu sais que, pour ce que tu aimes par-dessus tout, tu es capable de tout.

De commettre un crime, de t'infliger un malheur, de tuer ou de te tuer toi-même.

En plaçant au sommet l'amour d'un idéal, tu n'ignores pas ce que cet amour peut exiger de toi.

En plaçant au sommet l'amour d'un être humain, tu ne sais pas où cet amour peut te conduire.

Ce que tu aimes passionnément par-dessus tout trace ton destin.

Et ce destin fera que tu nommeras « bon » et « juste » cela même que tu aimes plus que tout.

Es-tu encombré par la multiplicité de tes amours ? Dis-toi que tu n'y peux rien !

Es-tu embrouillé par eux ? Là, tu peux chercher lequel d'entre eux est le plus fort !

Tu es impuissant à choisir ? Il ne s'agit pas de choisir mais de reconnaître !

Cette reconnaissance te paraît vaine ? En cas de situation critique, elle pourra t'éclairer !

Cette clarté t'inquiète par sa radicalité ? Quand il est fort, l'amour est radical !

Tu n'es pas quelqu'un de radical ? Résigne-toi à t'attacher sans aimer vraiment !

Du fond de moi, à travers mes passions entremêlées, j'entends : « L'Amour t'ordonne de faire la clarté sur tes amours pour ne pas te tromper de choix le jour où tu serais amené à choisir ! »

À toi lecteur !

Platon et la nature démonique de l'amour

– Qu'est-ce que l'amour ? Un grand démon. Et, en effet, tout ce qui est démonique est un intermédiaire entre le divin et le mortel. – Quel en est le rôle ? – C'est de traduire et de transmettre aux dieux ce qui vient des hommes et aux hommes ce qui vient des dieux… ; et, d'autre part, puisqu'il est à mi-distance des uns et des autres, de combler le vide : il est ainsi le dieu qui unit le Tout à lui-même… dieu ne se mêle pas à l'homme ; et pourtant la nature démonique rend possible le lien.[1]

L'amour est le ressort de l'âme, il est l'élan qui la porte du manque vers la plénitude. Élan sans cesse rebondissant, car nos satisfactions sont toutes partielles et provisoires. Notre désir de beauté parfaite ne rencontre jamais que des éclats scintillants. Notre désir de vérité absolue ne trouve jamais que des fragments éclairants. Notre désir de sagesse ne peut nous apporter une sagesse définitivement assurée.

L'amour donne des ailes à l'âme, Éros est ailé, comme le dieu qui porte son nom. Mais la tradition populaire se trompe, l'amour n'est pas un dieu mais un démon. Êtres parfaits et immortels, les dieux ne désirent pas puisqu'ils ont tout. Seuls des êtres imparfaits et mortels peuvent désirer, car on désire ce qu'on n'a pas. Renaissant sans cesse dans l'âme, le désir d'un être mortel ne meurt jamais tout à fait.

---

1. Platon, *Le Banquet.*

Ni divin ni humain, ni immortel ni mortel, l'amour est un entre-deux. Allant et venant, l'amour fait le lien entre deux mondes qui, sans lui, resteraient séparés. Venant et allant, l'amour est un lien car il est lui-même jonction des opposés. Ni dieu ni homme, ni immortel ni mortel, l'amour est à la fois l'un et l'autre. Ni manque ni plénitude, l'amour est dans sa nature tension entre l'un et l'autre.

L'amour est la marque, en nous, d'un au-delà de nous-même, de notre désir d'absolu. Le désir ignoré de tout amour charnel est désir de se perpétuer à travers un autre. Le désir ignoré de tout amour spirituel est désir d'atteindre la vérité, qui est belle. Le désir conscient de l'amour de la connaissance vraie s'appelle philoso-phie. Car l'amour est par essence philosophe. Car être philosophe, c'est aimer la sagesse.

Bon génie, l'amour est ce qui nous porte de la terre au ciel, d'où nous venons. Avant de choir dans un corps mortel, notre âme sui-vait, émerveillée, le cortège des dieux.

Fais de ton amour un attelage ailé

Tu aimes à partir de tes manques, tu aimes donc à partir de toi et pour toi.

Mais l'autre que tu aimes, t'aime aussi à partir de ses manques et il t'aime pour lui.

Dans sa forme primaire, l'amour est un enclos où chacun garde l'autre pour soi.

Les ailes que cet amour donne ont le destin d'Icare.

Elles fondent comme la cire au soleil dès que chacun découvre qu'il n'aimait que lui.

Ou plutôt, dès qu'il découvre que cet amour-là ne lui convenait pas.

Mais tu peux combler tes manques en allant avec l'autre plus loin que vous deux.

Alors, votre amour désire à travers vous quelque chose d'extérieur et de plus grand.

L'objet désiré en commun peut être un enfant, une œuvre, le partage d'un idéal.

Les ailes de cet amour sont celles d'un attelage qui ne périt pas.

Elles sont d'esprit et s'élancent, comme l'esprit, vers une lumière intemporelle.

Ton amour est-il fusionnel ? Attention, fusionner n'est pas s'unir, s'unir c'est rester deux !

Ton amour s'arrête-t-il à l'aimé ? Attention, « d'arrêt » est le nom d'une maison qui emprisonne !

Ton amour désire-t-il le bonheur de l'aimé ? Alors, il est en chemin et il vous fera cheminer !

Votre amour désire-t-il votre commune maturation ? Alors, vous êtes liés par Éros le démon !

Tu as peur que ce lien t'enchaîne ? Mais non, il libère en toi les forces généreuses !

Tu as peur d'une liberté trop grande ? Enfant de bohème, l'amour ne craint pas la liberté !

Du fond de moi, malgré mon désir d'enchaînement amoureux, j'entends : « Dure seulement l'amour qui vise plus loin que l'être aimé, l'amour qui fait aimer autre chose ! »

À toi lecteur !

Paul de Tarse et la nécessité de l'amour

Quand je parlerais les langues des hommes et celles des anges, s'il me manque l'amour, je suis un métal qui résonne, une cymbale retentissante. Quand j'aurais le don de la prophétie, la connaissance de tous les mystères et de toute la science, quand j'aurais la foi la plus totale, celle qui transporte les montagnes, s'il me manque l'amour, je ne suis rien... L'amour prend patience, l'amour rend service, il ne jalouse pas, il ne plastronne pas, il ne s'enfle pas d'orgueil... Il excuse tout, il croit tout, il espère tout. L'amour ne disparaît jamais.[1]

La foi est confiance inconditionnelle en la bienveillance infinie de Dieu. Pour celui qui a la foi, rien n'est impossible, rien ne fait barrage, tout est ouvert. Le noyau de la foi est l'espérance, qui mise sur ce qui semble fou aux yeux de la raison. Pour la foi et l'espérance, il n'y a pas de maladie incurable, ni de rupture irrémédiable. Le miracle peut à tout moment faire irruption et renverser l'ordre naturel des choses.

On aurait cru que la foi inclut l'amour, or ce n'est pas aussi simple que cela. Je peux croire sans aimer, je peux espérer sans aimer, je peux avoir tout sans l'amour. Mais, dans ce cas, je suis absent de ma propre foi, ma foi et mon espoir sont vides de moi. C'est

---

1. Paul de Tarse, *Première lettre aux Corinthiens.*

l'amour qui me rend présent à ma foi, à mon espoir et à moi-même. L'amour est ce qu'il y a de plus personnel en moi et ce qui m'ouvre mes frères humains.

L'amour est cette générosité absolue qui donne sa confiance pour toujours et pardonne tout. L'amour ne cherche ni à posséder ni à plaire, le souci de dominer ou de séduire lui est étranger. L'amour transforme les connaissances en nourriture et la parole en rayonnement qui relie. L'amour est le sens, le sel, le soleil de nos vies. L'amour nous donne l'éternité. Qui n'éprouve pas d'amour est le plus faible et le plus malheureux des hommes.

L'amour vient de Dieu qui nous comble de sa grâce, l'amour est un don divin. L'amour va aux autres, il est le divin que l'homme donne à l'homme. L'amour donne toutes les vertus, l'humilité, la patience, la fidélité, la justice. L'amour donne autre chose que du bonheur, la force de ne rien garder et de tout porter. Car l'amour est plus fort que la mort.

Il faut donc rechercher l'amour et, une fois l'amour trouvé, le garder pour toujours. Car l'amour donne l'éternité !

Réalise la divinité de l'amour

Que tu croies en Dieu ou pas, quand tu aimes, du divin naît en toi.

L'amour vrai est l'amour qui donne sans compter et qui espère sans relâche.

L'amour vrai ne doute pas, ni de lui ni de l'autre, car il sait que l'amour crée l'amour.

L'amour vrai n'a peur de rien, ni de la maladie, ni de la mort, car il sait qu'il sera.

Aimer vraiment, c'est reconnaître que l'autre existe comme autre.

Aimer sa différence, aimer sa liberté, aimer ce qui le rapproche, aimer ce qui l'éloigne.

Ouvert par l'essentiel à l'essentiel, celui qui aime vraiment agit et parle simplement.

Ce qu'il fait vient du cœur, ce qu'il dit coule de source et en a la fraîcheur cristalline.

Qu'il existe ou qu'il n'existe pas, quand l'amour est là, Dieu est là.

Le savoir est pour toi supérieur à l'amour ? Pourtant le savoir est limité, l'amour non !

Le travail est pour toi plus important que l'amour ? Pourtant, ton travail a une fin, l'amour non !

La gloire est pour toi plus importante que l'amour ? La gloire est éphémère, l'amour non !

Aimer des beaux objets est pour toi plus important qu'aimer des êtres ? L'objet ne donne rien !

Les beaux discours remplacent chez toi l'amour des autres ? Le discours ne répond pas !

Du fond de moi, malgré mes désirs de savoir et de pouvoir, j'entends : « L'amour seul t'arrache à la poussière dont tu es fait ! »

À toi lecteur !

Unamuno et l'aspiration anxieuse

L'amour est ce qu'il y a de plus tragique dans le monde et dans la vie ; l'amour est fils de l'illusion et père de la désillusion ; l'amour est la consolation dans la désolation, l'unique remède contre la mort, dont il est le frère... L'amour recherche avec fureur, à travers l'objet aimé, quelque chose au-delà... L'amour est cette aspiration anxieuse et douloureuse à pénétrer plus au-delà et plus au-dedans... Chacun des amants est pour l'autre, directement, un moyen de jouissance et, indirectement, un moyen de perpétuation.[1]

Notre cœur et notre raison mènent en nous un combat incessant et sans merci. Irrésigné à la mort, notre sentiment aime la vie et croit en notre immortalité. Inhérente au désir de vivre, la croyance en l'immortalité paraît folle à la raison. Celle-ci frappe de doute l'élan du cœur et ce doute nous met *au fond de l'abîme*. Nous croyons et doutons à la fois, contradictoirement, irrésistiblement.

De l'étreinte entre le désespoir et le scepticisme naît *le sentiment tragique de la vie*. Ce sentiment est acceptation du conflit entre la raison et le cœur. Cette acceptation fait naître en nous *l'incertitude salvatrice*. Nous ignorons ce qu'est la vie tant aimée. Mortelle ? Immortelle ? Pleine ou vide de Dieu ? Le sentiment tragique de la vie et son incertitude tissent l'étoffe de toutes nos amours.

---

1. Unamuno, *Le Sentiment tragique de la vie*.

L'amour est notre quête d'immortalité sur terre, à travers un autre que nous. Dans l'amour, nous nous donnons à l'autre et nous nous sentons ainsi ressusciter en autrui. Par l'amour, nous cherchons à pénétrer sans le comprendre le mystère de la vie. L'amour nous console de notre mortalité sans lever l'angoisse que la mort inspire. Aspiration anxieuse qui nous prend corps et âme, l'amour est *quelque chose de charnel dans l'esprit*.

Passion amoureuse, amour filial, amitié ou charité, l'amour est essentiellement *compassion*. Aimer, c'est sentir la fragilité de l'être aimé et vouloir le protéger du malheur. Pour s'aimer vraiment, il faut avoir été unis par une douleur commune. L'union dans la souffrance est aussi la source vive dont jaillit la joie. Car plus intense est l'épreuve partagée, plus intense est la joie éprouvée.

L'amour puise sa sève dans le désir de se perpétuer d'un être qui se sait mortel. L'amour est l'expression la plus directe et la plus pure du caractère contradictoire de notre humaine nature.

Aime la vie en aimant

Constatant que tout passe, ta raison peut t'inspirer la haine de la vie.

Elle peut mettre en toi la pensée de l'Ecclésiaste, qui affirme que tout est vanité.

Irritée que tout passe, ta raison peut s'appliquer à te démontrer l'existence de Dieu.

Elle peut mettre en toi la pensée des théologiens, qui parlent de paradis et d'enfer.

Dans les deux cas, ta raison ne t'aide pas, car il te faut trouver ta propre folie de vivre.

L'amour est la folle raison de vivre commune à tous les êtres humains.

Sans l'amour, ton existence serait non-sens, incompréhensible à ton cœur.

Or c'est le cœur qui sent la vie, pas la raison.

Sans l'amour, tu serais sans espérance, enlisé dans un désespoir profond.

Sans l'amour, tu serais un cul-de-sac, privé d'enfants de chair et d'esprit.

Crains-tu de perdre ta liberté ? Celui qui n'écoute que sa raison n'est pourtant pas libre !

Tu préfères l'ambition à l'amour ? L'ambition n'entend pas la question du sens de la vie !

Souffres-tu des incertitudes de l'amour ? L'incertitude est le propre de ce qui est vivant !

Crains-tu la mort de l'être aimé ? Ta peur est humaine, fais que ton amour soit indestructible !

Es-tu inconsolable de l'être que tu as perdu ? Aime la vie, elle te l'a donné !

Te révoltes-tu contre ce que la vie prend ? Rien n'est pris, ce qui a été ne peut être défait !

Du fond du conflit entre ma raison et mon cœur, à travers mon écrasante ignorance, j'entends : « Aime sans réserve, car c'est en aimant que tu parviens à aimer la vie dans son intensité ! »

À toi lecteur !

Nietzsche et l'aspérité de l'amitié

Sans doute se trouvera-t-il ça et là sur la terre une sorte de prolongement de l'amour au cours duquel cette convoitise cupide entre deux personnes a cédé la place à une nouvelle cupidité, à la soif supérieure commune d'un idéal qui les transcende : mais qui donc connaît cet amour ? Qui l'a éprouvé ? Son vrai nom est amitié... Il faut honorer l'ennemi dans l'ami. En son ami, on doit voir son meilleur ennemi. C'est quand tu luttes contre lui que tu dois être le plus près de son cœur. Tu ne veux pas dissimuler devant ton ami ? Tu veux faire honneur à ton ami en te donnant tel que tu es ? Mais c'est pourquoi il t'envoie au diable !... Si tu es un esclave, tu ne peux pas être un ami. Si tu es un tyran, tu ne peux pas avoir d'amis.[1]

L'amour, sous toutes ses formes, est impulsion pour acquérir une nouvelle propriété. Désir de posséder, l'amour se lasse dès lors qu'il dispose de la sécurité de l'acquis. Au fond, nous n'aimons que le plaisir que nous éprouvons nous-même et pour nous-même. Et nous alimentons ce plaisir en cherchant à posséder de nouveaux objets. Ce et ceux que nous aimons sont nos objets, nos moyens provisoires de jouir.

Notre acquisition de connaissances jouit de notre avantage sur l'ignorance d'autrui. Notre compassion charitable jouit en nous donnant le dessus sur l'indigence de l'autre. L'amour passion est la

---

1. Nietzsche, *Le Gai Savoir. Ainsi parlait Zarathoustra.*

traduction la plus crue de notre désir de posséder l'autre. Nous voulons la possession totale et exclusive de la personne aimée. Nous désirons, en fait, appauvrir la personne aimée en l'isolant du reste du monde.

Cupide et égocentrique, l'amour trahit notre propre faiblesse et insuffisance. Incapables de nous réjouir de notre solitude, nous utilisons l'autre pour nous divertir. Pourtant, nous pourrions avoir avec un autre une tout autre relation d'amour. Nous pourrions désirer partager avec l'autre un idéal qui nous dépasse et nous attire. Nous pourrions désirer éclairer notre solitude pour ne pas sombrer au fond de notre nuit.

Un tel amour serait l'amitié, qui, ni cupidité ni complaisance, est désir d'avancer. L'amitié est âpre, car ne peut être mon ami que mon meilleur ennemi. Celui qui s'introduit entre moi et moi-même pour m'empêcher de m'abîmer. Celui auquel je me montre tel que je suis et qui me montre tout ce que je dois surmonter. L'amitié fait traverser la passerelle et risquer l'inconnu.

L'amitié est la chose la plus rare au monde, car elle exige la difficile liberté. La plupart, esclaves de leur jouissance égocentrique, ne peuvent avoir d'amis.

Aime pour dépasser ta propre médiocrité

L'amour mêlé au désir de la chair est possessif, que tu le veuilles ou non.

Ta possessivité vient de ton insécurité, tu voudrais t'affermir grâce à l'autre.

Ton désir de propriété est signe de pauvreté, tu souhaites avoir par défaut d'être.

Ta quête d'amis qui te ressemblent signale que tu cherches le confort avant tout.

Se satisfaire de la commodité, c'est refuser de grandir humainement.

Seul l'inconfort rend fort et appelle au dépassement.

L'inconfort vient de la rencontre avec ce qui nous résiste et heurte.

Il vient de l'ami qui me montre combien je suis spongieux, poreux et trouble.

Est mon ami celui qui m'offre la plus rude des remises en question.

Es-tu content de toi ? Demande à ton ami si ton contentement n'est pas vaine suffisance !

Es-tu honteux de toi ? Demande à ton ami si ta honte ne vient pas d'un sot remords !

La routine quotidienne te rassure ? Ton ami te dira si tu es un mort-vivant sans le savoir !

Tu désires sortir du train-train ? Accepte le déraillement d'un face-à-face sincère !

Tu éprouves de l'amitié pour cet autre-là ? Sois rugueux pour lui pour qu'il s'y frotte !

Tu es triste de ne pas avoir de vrais amis ? L'amitié advient à ceux qui se veulent libres !

Du fond de moi, par-delà mon désir d'être consolé et compris, j'entends : « Incompris pour incompris, choisis tes amis pour réduire ta médiocrité trop humaine ! »

À toi lecteur !

Bergson et l'amour fraternel

Telle est la démocratie théorique. Elle proclame la liberté, réclame l'égalité et réconcilie ces deux sœurs ennemies en leur rappelant qu'elles sont sœurs, en mettant au-dessus de tout la fraternité. Qu'on prenne de ce biais la devise républicaine, on trouvera que le troisième terme lève la contradiction si souvent signalée entre les deux autres et que la fraternité est l'essentiel : ce qui permettrait de dire que la démocratie est d'essence évangélique, et qu'elle a pour moteur l'amour.[1]

Toute société et tout individu puisent leurs mouvements dans deux sources. La première est statique, elle est instinct, automatisme naturel qui fait ce qui est programmé. La deuxième est dynamique, elle est l'élan vital, mouvement créateur de formes toujours nouvelles. Instinct ou élan, les sources de nos mouvements sont fruits de l'évolution créatrice de la vie. La vie a évolué en créant successivement l'instinct, l'intelligence, enfin la conscience.

L'instinct obéit aveuglément à un programme, l'intelligence découpe la matière pour la traiter. La conscience, quant à elle, saisit la singularité du vivant qu'elle éclaire, elle comprend la vie. L'homme, dernier créé de l'évolution, porte en lui instinct, intelligence et conscience. L'instinct produit en lui des habitudes, l'intelligence fabrique des concepts pour expliquer le monde. Ressentant en elle l'élan de la vie, la conscience découvre l'amour qui brûle étapes et limites.

---

1. Bergson, *Les Deux Sources de la morale et de la religion.*

La morale, point de rencontre entre la vie sociale et les vies individuelles, a deux sources aussi. La première est conservatrice, elle
nous ordonne de faire notre devoir et de ne pas nuire à autrui. La
deuxième est créatrice, elle nous inspire l'amour inconditionnel de
la vie et de notre prochain. La morale conservatrice, exprimée par
les interdits, pose des clôtures, c'est une morale *close*. La morale
créatrice, exprimée par l'amour évangélique, est *ouverte* à l'humanité tout entière.

La démocratie est la conception politique plus éloignée de l'instinct, la plus ouverte. Elle prend pour idéal un homme respec-
tueux des autres comme de lui-même. Elle attribue aux hommes
les droits de la liberté et de l'égalité dont elle fait ses principes.
Elle en appelle à la maturité des hommes pour qu'ils s'engagent à
respecter ces principes. Mais elle sait que, dans les faits, la liberté
d'agir produit des inégalités difficiles à enrayer.

Alors, consciente que seul l'amour fraternel peut remédier à ce
travers, la démocratie crée. Elle crée, entre la liberté et l'égalité un
lien, en posant le principe de fraternité…

Préfère l'utopie au réalisme

L'impératif « sois réaliste ! » est partout, et la réalité est confondue
à ce qui est.
Ce qui est, c'est une démocratie qui s'assoit sur ses principes sans
y penser.
Elle confond liberté et droit de s'enrichir au détriment d'autres
qu'elle appauvrit.
Elle veut réduire l'inégalité en offrant des béquilles, oubliant de
nous doter des moyens pour nous élever.
Elle confond liberté et licence, ce mouvement chaotique de vati-
cinations débridées.
De la responsabilité, elle a fait un refrain qui comble le creux de
ses discours.

Drapée ainsi dans son indignité, la démocratie affiche son ouverture au monde.

Le monde est, à ses yeux, un marché, grand ouvert à sa propre expansion.

Nos démocraties ont fait de l'ouverture elle-même un vase clos où l'on fait des affaires.

Notre réalité est devenue un enclos embarqué dans une folie de croissance.

Et l'on nous fait croire que tout projet de percer la clôture est un rêve sans espoir.

Penses-tu devoir te conformer à ce qui est ? Tu condamnes le monde à rester comme il est !

Tu t'estimes libre parce que tu votes ? Et si tu votais pour la reproduction du même !

Désabusé, tu t'abstiens de voter ? Tu refais le lit de la tyrannie, donc !

Aimes-tu la liberté que donne l'argent ? Mais l'amour et la justice ne s'achètent pas !

Tu délègues à l'État ton devoir de solidarité ? L'attention à tes frères humains n'est pas délégable !

La fraternité te semble principe désuet ? Pourtant, c'est elle qui rend la liberté juste !

Tu trouves que la justice est pure utopie ? Mais le mieux sort toujours d'un rêve qui prend chair !

Du fond de moi, par-delà les contresens que je fais dans mes priorités d'homme, j'entends : « La liberté sans la responsabilité pour tes frères produit une humanité close et inégalitaire ! »

À toi lecteur !

Créer la joie d'être

Approche philosophique de la joie d'être

En abordant l'être

En pensant le devenir

En vivant ce qui est et devient

Être, l'Être

Être est le propre de tout ce qui, d'une manière ou d'une autre, nous apparaît.

L'eau, le mythe d'Icare, les nombres, les individus que je rencontre ou mes contemporains « sont ». L'eau était bien avant que l'homme ne lui donne un nom et que Thalès en fasse le principe de tout. Le mythe d'Icare est car, depuis qu'il a surgi de l'imagination des hommes, il inspire et interpelle. Les nombres sont car, produits de la pensée, ils sont à la base du calcul et des sciences.

Mes proches et tous les individus que je rencontre sont, ici et maintenant. Mes contemporains sont maintenant et ailleurs, ils vivent quelque part dans le monde. Ceux qui sont morts ont été et ce qu'ils ont été ne peut ne pas avoir été[1]. Des arbres, des fleurs, des hirondelles, des écureuils ont été, sont et seront.

Il y a les êtres qui apparaissent physiquement et les êtres qui apparaissent seulement à l'esprit. Si leur être est différent, un dénominateur commun les relie. Une fois apparus, ils entrent dans la catégorie de l'être, ils font partie de la « réalité ». C'est ce trait commun que les premiers philosophes et ceux qui ont suivi ont remarqué.

Aussi ont-ils transformé le verbe être en substantif, ils ont forgé le concept de l'« Être ». Ils ont fait de l'« Être » le fondement de tout ce qui est ou ce qui englobe tout ce qui est. Premier à l'avoir nommé, Parménide attribua à l'Être l'éternité. Pour beaucoup durant longtemps, l'Être fut une réalité immobile et hors du temps.

La tradition philosophique fait de l'Être le principe un de la multiplicité des êtres.

---

1. Le poète grec ancien Agathon (cité par Aristote) disait : « *Sur un seul point la puissance de Dieu fait défaut : il ne peut faire que ce qui a été n'ait pas été.* »

Être, devenir, êtres en devenir

Pourtant, nos sens et notre pensée nous signifient que l'être est multiple, divers et mouvant.

Les rochers, les mers, les forêts, les microbes, les animaux, les hommes, les rêves… Les cimes des montagnes demeurent alors qu'arbres et oiseaux passent et trépassent. Mais les montagnes ne sont immuables et impérissables qu'à notre échelle et à nos yeux. En elles-mêmes, elles changent, lentement, imperceptiblement : elles deviennent.

Les êtres de la nature et de notre esprit sont en continuel devenir. Ils apparaissent, se développent, disparaissent, tantôt provisoirement et tantôt pour toujours. Jamais le même paysage n'est le même, ni dans ses détails ni dans son ensemble. Nos états d'âme se mêlent à ses changements d'états pour le rendre neuf à tout moment.

Les nombres semblent échapper au devenir et appartenir au monde des idées éternelles. Pourtant, les nombres n'existent que depuis que les hommes les pensent. Pourtant, l'invention tardive du zéro a fait trembler le ciel sans nuage des mathématiques. Êtres intelligibles, les nombres ont un devenir différent des êtres physiques ou psychiques.

Le devenir est le mode d'être de l'Être, ou, plus simplement, de la réalité. Les Orientaux sentent cela, pour eux le statut de la réalité c'est son impermanence. Les Occidentaux s'inquiètent de cela, ils sont en quête d'assises qui ne bougent pas. Ainsi Platon oppose au monde du devenir le monde indestructible des Idées.

Sans doute y a-t-il des êtres qui deviennent plus rapidement que d'autres.

Devenir, exister, coexister

La rapidité du devenir est relative au degré de complexité de l'être qui devient.

En remontant l'histoire de l'univers, la science nous informe sur son accélération. Les galaxies, puis les étoiles se sont formées dans la plus grande des lenteurs. L'apparition de conditions atmosphériques spéciales a fait émerger des êtres vivants. Depuis, l'évolution de la vie est allée en accélérant sa vitesse.

L'émergence de l'être conscient que nous sommes a renforcé l'accélération. Avec l'espèce humaine, l'univers a produit un être capable de le regarder et de le transformer. Cette capacité transforme elle-même le fait de vivre en histoire. Nous vivons d'une autre vie que celle du processus biologique.

Pour nous, vivre c'est exister, *ex-sistere*, être situés hors de l'immédiat, être conscients[1]. Notre *être-au-monde*, c'est de transcender mentalement le monde, de chercher à le comprendre. Nous partageons cette situation avec les autres, notre conscience surgit de nos échanges. Notre mode d'exister est la *co-existence*, nous devenons au sein d'un monde humain.

Et nous contribuons au devenir de ce monde en en diversifiant les devenirs. Des cultures très différentes coexistent et se succèdent, figures mouvantes sur un tableau inachevé. Nos sciences et nos techniques transforment notre devenir social en progrès technologiques. Nos produits croissent de façon exponentielle, ils sont en train de nous dépasser.

Êtres hypercomplexes, nous voici débordés par la complexité que nos artifices ont ajoutée.

---

1. Dans le langage courant, le terme exister est synonyme du mot être. Ce sont les philosophes existentialistes qui introduisent la distinction entre « être » (la façon d'être des choses qui sont données, qui sont en elles-mêmes) et « exister » (la façon d'être au monde de l'être humain, doté de la conscience de soi et, de ce fait, décalé par rapport aux autres réalités). Dans *L'Être et le temps*, M. Heidegger insiste sur le fait qu'exister, c'est être situé « hors » et « au-dessus » de la vie. Il nous renvoie à l'étymologie latine du mot « ex-sistetere ».

Exister, rêver, connaître, penser

Notre « hors » prend les chemins et les formes du rêve, de la connaissance et de la pensée.

Nous rêvons notre devenir dans l'univers, en peuplant celui-ci de puissances surnaturelles. Toute croyance est un rêve, y compris la croyance en la science et au progrès. Un rêve n'est jamais un mensonge, mais le dévoilement déguisé d'une réalité dure à saisir. Nous rêvons aussi notre vie ; notre passé devient différent à chacun de nos récits.

Nous cherchons à connaître ce qui nous entoure en étudiant le fonctionnement des choses. Toute connaissance relie des faits qui, de prime abord, semblaient sans rapport. Toute connaissance est une vérité provisoire et ouverte, un dévoilement qui reste à compléter. Nos sciences nous permettent de traiter notre environnement, de construire des machineries.

Nous désirons comprendre nos rêves, nos connaissances et nos actions – trouver du sens. Le désir est toujours individuel, le désir de sens est ce qu'il y a de plus personnel. La pensée est le produit d'un esprit qui souhaite trouver ce que le rêve et la science ne donnent pas. Ce que le rêve et la science ne donnent pas, c'est la traversée qui nous fait hommes.

Est homme celui qui met l'esprit à la pâte pour saisir et pétrir *la chair du réel*[1]. Est homme celui qui perce l'opacité des choses et brave leur résistance. Est homme celui qui se confronte aux idées adverses et affronte les épreuves de l'existence. La plus dure des traversées procure des joies à l'esprit qui la pense.

Est authentiquement humaine l'existence qu'accompagnent indéfectiblement les pensées.

----

1. L'expression est de Merleau-Ponty.

Penser, vouloir, agir, penser

Pour survivre, exister, coexister, il nous faut agir.

Nous agissons dès lors que nous intervenons pour transformer les données extérieures. Agir, c'est initier, puis conduire[1] un mouvement en vue de la réalisation d'un but. Pour avoir un but en vue, il est nécessaire d'avoir suffisamment compris la situation. C'est-à-dire d'avoir compris à la fois le contexte et le rôle qu'on peut jouer dans ce contexte.

Pour se mettre en mouvement, puis conduire la réalisation, il est nécessaire de vouloir. La volonté transforme le désir qui rêve en désir déterminé d'intervenir dans les faits. Effectuant le passage de la contemplation à la réalisation, la volonté est le ressort de l'action. L'action n'est pas simple ébauche ou acte furtif, mais amorce d'un nouveau devenir.

Fruit de notre compréhension, l'action est cela même qui nourrit notre pensée. Car l'action nous confronte aux limites, celles du dehors et celles du dedans. Contraintes extérieures et obstacles intérieurs mettent notre esprit au travail. Le travail de l'esprit, c'est son énergie appliquée à comprendre et à traiter la réalité.

Penser, vouloir, agir sont les mouvements de notre être en quête de sens. Le sens de la pensée est de comprendre, le sens de la volonté de préparer nos prises. Le sens de l'action est de réduire misères, injustices, pour soi, ses proches et les autres. Tous les sens ramènent à la pensée, qui les reprend pour aller plus loin.

Certes, il y a des pensées confuses, des volontés de nuire et des actions néfastes. Certes, la pensée peut détourner de l'action et se complaire dans son parcours solitaire. Il se peut aussi que confusions

---

1. Le mot agir vient du verbe grec *ago*, qui signifie conduire. Il est de la même racine que les mots axe – le principe directeur, la ligne conductrice – et *axia* (cf. axiologie) – la valeur, le principe de conduite –.

et méchancetés viennent, non d'une pensée confuse, mais d'une absence de pensée. *Nul n'est méchant volontairement*, disait Platon, sûr du lien entre pensée, lucidité et justice.

Agir humainement, c'est se construire en construisant un sens commun.

L'être et la tradition occidentale

Par toutes ses sources, notre culture affirme l'être contre le non-être.

L'univers grec est plein de dieux, Héraclite les y voit grouiller aussi dans la cuisine. À part les démocritéens, tous se rallient à Aristote pour dire que la nature abhorre le vide. Le ciel est plein de corps célestes, scintillants, divins et immortels. La nature est pleine des mouvements différents et divers qui composent son devenir. L'existence humaine, répartie en vie publique, vie privée, vie productive, est pleine d'activités.

L'espace public fourmille de discours, de décisions et de réalisations stratégiques. L'espace privé regorge d'amours et de soins prodigués aux membres de la famille. L'espace de production foisonne de fabrications utiles et belles. Le citoyen, délesté des tâches ménagères ou productives, s'affaire en politique ou en affaires. L'artiste, l'artisan et le paysan mettent infatigablement la main à la terre. L'esclave est chargé de tout ce dont se déchargent hommes et femmes libres. Et si le sage se détourne des occupations utiles, c'est pour s'adonner à la pensée. Échanger, parler, agir, faire, produire, travailler, penser emplissent l'existence humaine. Qui se déroule dans un univers entièrement plein d'être et d'êtres.

L'univers biblique est plein de l'esprit de Dieu et d'hommes situés par rapport à Dieu. Dieu est l'Être qui, sans origine ni fin, est éternelle présence. Esprit pur, il voit tout et veille sur tout, Parole créatrice et sans cesse interpellante. L'univers qu'il a créé est plein[1], et l'histoire à laquelle il a imprimé son sens aussi. L'existence humaine, tout entière orientée vers Dieu, est pleine de rebondissements. La foi peut rester ferme ou faillir, l'impiété peut s'obstiner ou se repentir. Dans tous les cas, la vie collective et individuelle est pleine des tensions du lien à Dieu.

Pour combler l'écart entre l'Esprit pur et l'homme, l'Évangile introduit le fils de Dieu. Tradition populaire et théologiens introduisent les saints, vestige des dieux païens. La Réforme rétablit le rapport direct du chrétien à la Bible, mais ce rapport emplit tout. Comptable devant Dieu à travers sa conscience, le chrétien se remet sans cesse en question. Enfin, croyant ou non, l'homme occidental est un occupant et un occupé invétéré. Conquérant, homme politique, enseignant, marchand, il fait et s'affaire. Solitaire, introspectif, croyant ou philosophe, il fait le plein en lui. Dans un monde saturé d'objets de tout genre, objets matériels ou objets de pensée.

Dans cette culture qui a horreur du vide, être humainement demande du courage, le courage d'affronter les fissures, d'ouvrir des brèches. Le courage vient du cœur, émeut le cœur et le réjouit : à nous de créer et de vivre la joie d'être !

---

1. L'idée du *tsim-tsoun,* selon laquelle Dieu a dû se retirer et faire le vide de lui pour créer l'univers, apparaît tardivement dans la pensée judaïque et son impact reste marginal.

Rencontres philosophiques

Des idées pour :

être

penser

agir joyeusement

Parménide et le chemin
de l'Être

Peu m'importe par où je commence, car je reviendrai ici… Toi écoute et retiens mes paroles d'investigation que l'on puisse concevoir. La première dit que l'être est et il n'est pas possible qu'il ne soit pas. C'est le chemin de la certitude, car elle accompagne la vérité. L'autre dit que l'être n'est pas et que, nécessairement, le non-être est. Cette voie est un étroit sentier où l'on ne peut rien apprendre. Car on ne peut saisir par l'esprit le non-être, puisqu'il est hors de notre portée… C'est une seule et même chose que penser et penser ce qui est.[1]

À l'esprit porté par le désir de connaître la vérité, sont faites des révélations étonnantes. Une mystérieuse déesse parle sans apparaître pour énoncer les voies à prendre et à laisser. La voie à prendre est celle de l'être : il y a de l'être, l'être est, l'être est partout. Penser, c'est penser quelque chose, et donc penser c'est toujours penser l'être. Plus radicalement, penser, c'est penser l'Être qui est le fondement intemporel de tout.

Réalité compacte, continue, indivisible, immobile, voilà l'Être, principe de tout. Comme le soleil, l'Être a la forme d'une sphère, mais il n'est pas le soleil. Car le soleil fait partie du monde perceptible à nos sens, et ce monde est changeant. En percevant, nos sens se trompent et ne peuvent nous donner de connaissance vraie.

---

1. Parménide, *Le Poème*.

Notre connaissance du monde physique est seulement une connaissance probable. Confondre le monde physique et l'Être, c'est nous tromper de voie. Mais croire que l'homme physique est illusoire, c'est aussi nous égarer. Nous avons à comprendre que nos explications physiques sont de l'ordre de l'opinion. Et, dans ce domaine du relatif et de l'incertain, chercher ce qui est le moins improbable. L'opinion selon laquelle l'univers est en perpétuel mouvement est improbable et insensée[1].

Par-dessus tout, il ne faut pas oublier que penser, c'est penser autre chose que le passage. Penser, c'est sortir du temps pour penser le fondement : penser, c'est penser l'Être. La voie à ne pas prendre est celle du non-être : ce qui n'est pas n'est pas et ne peut être pensé. Autant dire que cette voie est impraticable et que c'est folie de souhaiter l'emprunter. Le sens, ce qui nous éclaire et nous oriente, a son ancrage dans ce qui n'apparaît qu'à la pensée.

Le verbe « être » est partout, car il exprime la substance qui fonde tout[2].

Distingue les voies

Si tu trouves archaïque l'affirmation de l'Être immobile, ne t'encombre pas.

Laisse tomber la théorie pour garder l'intuition qu'elle exprime.

Quand même tu cherches à comprendre le visible, tu déploies en toi des êtres invisibles.

Pour étudier les faits en mouvement, tu prends des repères fixes.

---

1. Parménide s'oppose à Héraclite. Platon cherchera à faire la synthèse entre Héraclite et Parménide en posant, face au monde du devenir, le monde des Idées immuables et éternelles.
2. Dans nos langues, c'est le verbe « être » qui établit le lien entre le sujet et ses qualités. Copulatif, le verbe être donne l'impression que les qualités sont substantielles, assurées, inamovibles.

Quand tu parles du néant, tu parles de quelque chose et non du rien.

Quoi que tu fasses, tu ne peux sortir de l'être, que tu lui mettes un grand ou un petit « e ».

Autant, alors, ne pas te tromper de registre quand tu te mets en quête de vérités.

Le sens est du côté de l'être et se cherche par la pensée, ce pouvoir de voir l'invisible.

La science est du côté du devenir et se cherche par l'expérience tâtonnante.

Être homme, c'est emprunter l'une et l'autre voies sans les confondre.

La connaissance approximative de la nature nous permet d'y intervenir et d'y apporter des changements matériels.

La méditation centrée sur le fondement de ce qui est nous aide à construire du sens et à donner au monde un visage humain.

Crois-tu que les sciences donnent la vérité ? Tu te trompes, elles interprètent les faits !

Tu en conclus que les sciences sont vaines ? Détrompe-toi, leurs clés provisoires sont très utiles !

Tu vois en l'Être une invention de philosophe fou ? Essaie de parler en ôtant le mot « être » !

Tu vois en l'Être une préfiguration du Dieu Un ? Dis-toi que la pensée tend spontanément vers l'unité !

Tu constates que rien ne demeure ? Pourtant, ce qui est ne peut ne pas avoir été !

Tu trouves qu'être, c'est être présent ? Voilà, tu affirmes que l'être est Présence !

Du fond de moi, à travers le propos d'un philosophe ancien très lointain, tout en restant en mouvement, j'entends : « Il y a un je-ne-sais-quoi qui tient tout et retient ma pensée, en m'incitant à penser ! »

À toi lecteur !

Lao-Tseu et la voie du vide

Une voie qui peut être tracée, n'est pas la Voie éternelle : le Tao[1]. Un nom qui peut être prononcé, n'est pas le nom éternel. Sans nom, il est à l'origine du Ciel et de la Terre. Avec un nom, il est la Mère des dix mille êtres. Ainsi, un Non-désir éternel représente son essence, et par un Désir éternel il manifeste une limite. Ces deux états coexistent inséparables, et diffèrent seulement de nom. Pensés ensemble : mystère ! Le mystère des mystères !... Les vases sont faits d'argile, mais c'est grâce à leur vide qu'on peut s'en servir... Ainsi l'être produit l'utile, mais c'est le non-être qui le rend efficace.[2]

Le principe de tout est hors de tout ce que nous pouvons penser et en penser. Ce « hors » est en même temps un « dedans », car le principe est immanent à l'univers. L'homme l'appelle *Tao*, car un chemin est à la fois vide et plein, un et multiple. En tentant de décrire l'inconcevable, la pensée attribue deux faces à ce qui est Un. La face cachée est la force principielle, la face manifeste est composée de ses effets.

La force du principe n'a pas de nom, car elle est étrangère au langage et à la pensée. Cette force est un Chemin sans étapes ni tracé, elle est hors du temps qui déroule les choses. Sans nom ni parcours, cette Voie principale est vide, sans conscience ni désir. Vide

---

1. L'idéogramme du *Tao* est traduit par le mot chemin, voie. Cet idéogramme est composé du trait qui signifie « marche », uni au trait qui signifie « tête, point de départ, source d'un mouvement ».
2. Lao-Tseu, *Tao te king* (Le livre de la Voie et de son efficacité).

et éternelle, la Voie est à l'origine de l'univers visible, divers et chatoyant. De son Non-être, de son Non-désir, la Voie laisse émerger la multiplicité des êtres.

Si le principe n'était point vide, rien n'aurait pu advenir et rien ne pourrait devenir. Les êtres requièrent du vide pour être et se développer, le désir naît du manque. Si le principe était sans force, rien n'aurait pu advenir, se composer et devenir. Les êtres requièrent un élan qui les met en mouvement et en relation. L'univers est un réseau de forces interdépendantes que rien ne saurait délier.

Être parmi les êtres, l'homme est le seul être apte à pressentir le Tao. L'intuition humaine capte le mystère de la Voie éternelle, qui est un « Être-Non-Être ». L'intuition humaine saisit le lien entre l'homme et l'« Être-Non-Être ». Ainsi, l'homme qui capte le Tao fait le vide en lui-même pour être rempli par le Tao. L'homme rempli par le Tao ne « fait » pas, il est efficace par son détachement.

Ne pas faire ne signifie pas ne pas agir : c'est agir sur soi et donner confiance au Chemin. Ne pas faire n'est pas se laisser aller : c'est être assez fort pour lâcher « sa » prise. C'est agir par la pensée, avoir l'intelligence des situations et être en résonance avec tout. L'intelligence saisit les liens en leurs moindres mouvances et nuances. Ainsi, l'individu épouse le cours que traverse, relie et porte la force du Tao.

Ainsi, l'homme qui saisit le Tao devient lui-même un chemin.

Deviens toi-même un chemin

Si tu trouves énigmatique la pensée de Lao-Tseu, ne t'en fais pas, laisse-toi faire.

D'une autre culture que toi, il pense la maison autrement que toi.

Pour toi, une maison est faite de briques, de poutres, elle a murs, cloisons et toit.

Pour lui, une maison est par ce qui la rend habitable, par les portes et fenêtres.

Toi, tu penses d'abord le plein, le plein te rassure, tu cherches à combler les creux.

Lui, le plein l'empêche de penser, il cherche l'ouverture, le vide.

Confondant vide et néant, vide et pauvreté, vide et vertige, tu fais sans cesse le plein.

Lui observe qu'il n'est pas de mouvement sans vide et que la vie est mouvement.

Être, pour toi, c'est désirer, avoir des objectifs, atteindre des buts.

Être, pour lui, c'est ne rien attendre mais accueillir ce qui advient.

Pour toi, ou le principe de tout est un Être défini ou il n'y a rien pour fonder ce qui est.

Pour lui, le principe de tout est Être et Non-Être à la fois, il ne fonde pas mais fait être.

Tu attends les vacances pour « faire le vide » ? On ne « fait pas le vide », on le devient !

Tu ordonnes à ton désir de s'abstenir ? Le désir n'obéit pas, il se laisse seulement convertir !

Tu te places en observateur impartial des situations ? Mais ton observation fait partie de la situation !

Tu veux connaître ton chemin à l'avance ? Ton chemin n'existe que quand tu marches !

Tu crois que la voie est hors de toi ? Non, c'est à toi de devenir ton propre chemin !

Du fond de moi, malgré les sombres signes d'un ciel en courroux et ma crainte de la tempête qui gronde, j'entends : « Laisse ta fenêtre grand ouverte au vent qui passe ! »

À toi lecteur !

Bacon et l'aventure de la réflexion créatrice

Le risque n'est pas le même, à ne pas tenter et à ne pas réussir ; là, il y va de la perte d'un bien immense, ici d'un modeste labeur humain... Quant à nous, pris d'un amour éternel pour la vérité, nous nous sommes risqués aux incertitudes, difficultés et solitudes des chemins... Nous avons conforté notre esprit contre les violences et le front serré des opinions, contre nos propres hésitations et nos scrupules intérieurs, contre les ténèbres, les sombres nuées des choses et les songes volant de toutes parts ; de sorte qu'enfin nous puissions procurer à nos contemporains et à la postérité des directives plus assurées. Et si nous avons fait quelques progrès dans cette entreprise, la méthode qui nous a frayé la voie n'a été autre que l'humiliation vraie et légitime de l'esprit humain.[1]

Par commodité, la plupart des hommes préfèrent les idées reçues aux idées nouvelles. Cette préférence vient d'un défaut de discernement mêlé à un manque de courage. Cette double déficience ou paresse érige les erreurs en vérités et les illusions en connaissances. Ainsi, les « savants » du XVIe siècle lisent encore la Nature à travers le système d'Aristote. Au lieu d'observer les faits de leurs propres yeux, ils les plient aux règles d'un système révolu.

Or pour progresser en connaissance, il nous faut absolument purger notre esprit des préjugés. Rompre avec le dogmatisme, qui affirme sans jamais questionner les choses. Rompre avec l'empirisme, qui

---

1. Francis Bacon, *Novum Organum.*

se contente d'affirmations non examinées par la raison. Comprendre aussi que la complexité de la réalité dépasse la subtilité de nos sens et de notre raison. Faire confiance à notre force créatrice, toujours apte à inventer et à forger de nouvelles clés.

Choisir cette voie, c'est retrouver notre émerveillement d'enfant et notre regard naïf. C'est aussi retrouver notre goût du fruit, car il transforme notre effort en quête joyeuse. Cela est malaisé, face à nous se dressent les *idoles de la tribu*, les préjugés qui rassurent. Cela est difficile, en nous s'agitent doutes et inquiétudes, nos propres spectres. Mais le plus grand risque, c'est de ne pas oser montrer la voie que voit notre esprit.

L'audace ouvre, en l'occurrence, la voie de la science expérimentale. Elle inaugure l'ère des sciences contemporaines, fondées sur la vérification. Ce faisant, elle met fin aux arrogantes divagations d'une raison qui méprise l'expérience. Elle met aussi fin aux prétentieux propos d'une opinion qui se moque de la raison. En reprenant à neuf tout le travail de l'esprit, l'audace ouvre la voie du progrès indéfini.

Celui qui tente un nouveau chemin et le propose à ses frères humains risque l'échec. Ce risque ne l'effraie pas, car la réussite et la gloire ne sont pas ses objectifs. Ce qui l'accablerait, c'est d'avoir, par prudence, privé l'humanité d'une voie d'accès. Humble de la conscience que savoir n'est jamais tout savoir, il vainc ses inhibitions. En publiant sa pensée, il passe à l'action et rappelle que penser est une réalité agissante.

Penser est une aventure personnelle qui rayonne par sa force créatrice.

Ose ouvrir des chemins

Tu es engourdi par les vérités que, à longueur de jour, on t'assène. Assailli par les messages des mass media, qui déforment pour impressionner.

Abruti par le langage des spécialistes, qui déguisent au lieu d'expliquer.

Embrouillé par ton propre esprit, qui voit les choses à partir de son point de vue.

Tu vis emprisonné dans un espace ouvert, tu crois penser alors que, le plus souvent, tu suis.

Tu prends les sciences de ton temps pour de l'argent comptant, or leurs vérités sont provisoires.

Tu réduis le monde aux mots dont tu disposes, oubliant que celui-ci déborde toute langue.

Tu réduis la réalité aux chemins connus, condamnant ainsi ton intelligence à reproduire.

Et tu dédaignes ceux qui osent et échouent, t'érigeant en juge d'une Histoire qui te dépasse.

Es-tu un suiveur parce que tu n'es pas un génie ? Être ingénieux suffit pour innover !

Méprises-tu les petites contributions ? Trêve d'orgueil, à chacun d'apporter sa pierre !

Crains-tu de te tromper ? Mais c'est le regard d'autrui que tu redoutes !

Tu trouves fous les apporteurs d'idées nouvelles ? Sans folie, notre raison ferait du surplace !

Es-tu friand de la dernière nouveauté ? Alors tu n'aimes pas la pensée mais son simulacre !

Tu n'as que le mot « innovation » à la bouche ? La répétition du même te guette !

Désires-tu vraiment avancer ? Poursuis ta petite idée, au bout d'elle il y a certainement une perle !

Du fond de moi, entre fausses certitudes et croyances tremblantes, j'entends : « Exerce joyeusement ton esprit et offres-en ses fruits généreusement sans viser le succès ! »

À toi lecteur !

Montaigne et la pensée joyeuse

Il ne faut pas attacher le savoir à l'âme, il faut l'y incorporer ; il ne l'en faut pas arroser, il l'en faut teindre… Quand bien nous pourrions être savants du savoir d'autrui, au moins sages ne pouvons-nous être que de notre propre sagesse… La plus expresse marque de la sagesse, c'est une réjouissance constante… La philosophie est celle qui nous instruit à vivre… L'âme qui loge la philosophie… doit former à son moule le port extérieur, et l'armer par conséquent d'une gracieuse fierté, d'un maintien actif et allègre, et d'une contenance contente et débonnaire. Le vrai miroir de nos discours est le cours de nos vies.[1]

La science ne fait pas la sagesse, qui n'advient qu'à travers l'expérience vécue. Mais, pour devenir expérience, la vie exige de nous que nous ayons *les yeux partout*. Pour être ainsi ouvert, agile et curieux de tout, il nous faut ôter tous les corsets. Les corsets emprisonnent le corps en le rendant mou, or nous avons à nous aguerrir. Ils donnent l'illusion de la forme alors qu'ils nous enchaînent et nous gênent.

En cherchant dans les livres et en bourrant les crânes, l'érudition commet deux erreurs d'un coup. Elle détourne l'esprit du seul ouvrage dont il peut vraiment apprendre, du *grand livre du monde*. Elle obstrue les chemins de la réflexion, en empêchant la tête qu'elle remplit d'être *bien faite*. En découpant la réalité en un nombre infini de morceaux, la spécialisation expulse la vie. Car la vie est

---

1. Montaigne, *Essais*.

composée de tout, et l'on n'apprend à vivre qu'en se frottant à ce tout si divers.

La seule instruction valable est celle qui nous apprend à vivre, elle s'appelle *philosophie*. Désir d'apprendre, de comprendre et d'améliorer son état imparfait en apprenant. Ce désir, accompagné des pensées et des actions qu'il fait naître, rend l'âme joyeuse. Joyeuse d'être sans cesse en chemin, en obéissant à son propre branle et non à celui d'un autre. Joyeuse d'être en accord avec elle-même, disant ce qu'elle pense et faisant ce qu'elle dit.

Joyeuse que cet accord ne soit jamais figé, mais qu'il se réajuste au fil des jours. Joyeuse d'apprendre à vivre pendant qu'elle vit et non d'avoir à le faire quand la vie est passée. Joyeuse d'imprimer au corps qu'elle habite une allure dynamique et fière, reflet de sa santé. Joyeuse d'être prête à mourir, puisque, à chaque instant, elle sent l'existence accomplie. Accomplie mais, par chance, imparfaite, c'est-à-dire ouverte à de nouveaux progrès.

La sagesse est joie de vivre de sa propre pensée, sans juger des autres selon soi. La sagesse s'enrichit davantage de la différence que de la ressemblance. Ce qui est différent de moi me force à sortir de moi-même, à déployer d'autres points de vue. Généreuse et infatigablement cheminante, la sagesse consiste surtout à *savoir être à soi*. Pour rester joyeux, je dois savoir me dépêtrer des pressions qui m'éloignent de moi.

Chacun d'entre nous porte en lui une forme qui est sienne, à trouver et garder pour être joyeux.

Deviens qui tu es en ne cessant de devenir

Pétrie de règles, la société te tend ses moules et te voici tenté d'y entrer.

Devant la foultitude de livres passés et présents, tu es tenté de fuir diversement.

En te badigeonnant de vernis, pour paraître savant ou dans le vent.

En réduisant le tout à un point, dont tu deviens l'érudit savant.

À ton insu, tu cherches à ne pas penser, porté par le vent ou replié dans un abri.

Penser, c'est toujours penser par toi-même en te nourrissant d'autres points de vue.

Mais tu ne peux vivre la vie qui est la tienne sans repenser ce que les autres te livrent.

C'est ton livre à toi que tu as à écrire, et ce livre n'est pas en papier.

Il est fait de la chair de ta vie illuminée par les savoirs incorporés dans ton âme.

Ces savoirs ne sont pas livresques, mais existentiels, nés de ton rapport au monde.

Ces savoirs t'invitent à lire le monde et à ne jamais gober ce qu'on te dit de lui.

La masse des ouvrages te décourage ? Mets-toi donc à ton ouvrage à toi !

Tu ignores comment t'y prendre ? Cherche ton noyau singulier, nourris-t'en et deviens !

Tu ne sais comment chercher ? Interroge tes sources de vraie joie !

Tu confonds joie et divertissements ? La joie rend fort, les distractions fatiguent !

As-tu peur de devenir qui tu es ? Ce serait pourtant affreux de devenir qui tu n'es pas !

Tu penses que cela est impossible ? Tes possibles sont en toi, en attente d'être déployés !

Du fond de moi, par-delà les incitations à être ce que je ne suis pas, j'entends : « En toi il y a toi, mets-toi en chemin vers toi-même et la vie te montrera le chemin ! »

À toi lecteur !

Démocrite et la joie d'être

Il est nécessaire de s'exercer à beaucoup penser et non à devenir érudit. Le meilleur pour l'homme est de vivre le cœur le plus joyeux possible avec le moins de chagrin possible. L'homme au cœur joyeux se sent toujours poussé à accomplir des actes justes et conformes aux lois. La joie provient de la pondération dans les jouissances. Ne cherche pas à tout savoir, si tu ne veux tout ignorer. L'hésitation perpétuelle nous empêche de réaliser nos actions. Il faut mettre au tout premier rang l'intérêt public, afin que la cité soit bien gouvernée. Pour l'homme sage, toute terre est accessible ; pour l'âme bonne, l'univers entier est une patrie.[1]

Penser est l'acte le plus élevé de l'homme, puisque c'est en pensant qu'il comprend. Il comprend la structure de l'univers, composé d'atomes en mouvement dans le vide. Il comprend que la vérité se dérobe à notre esprit, qui ne peut en capter que des bribes. Et aussi que, pour bien vivre, il nous faut en tout rechercher l'utile. L'utile est ce qui évite les excès, qui usent notre corps et chagrinent notre âme.

Qui veut tout savoir s'engage dans une impasse, car la vérité échappe à notre esprit. Qui parle de façon trop rationnelle et savante exprime son inculture en la voilant. Qui confond opulence et bonheur se détourne du bonheur, qui prend source dans l'esprit. Qui cherche sans cesse les plaisirs du corps ruine sa santé et ainsi affaiblit son âme. Mais celui qui, exerçant sa pensée, est tempéré, celui-là a le cœur joyeux.

---

1. Démocrite, *Opinions*.

La joie est le signe d'une existence tempérée, éclairée par la compréhension. Différente du plaisir, la joie est allégresse du cœur qui puise énergie dans l'exercice de la pensée. La joie donne le courage pour combattre les injustices des hommes et les difficultés du sort. Le courage nous arrache à l'hésitation et à la parole vaine qui nous retiennent d'agir. Il oriente notre action vers le bien commun, car notre joie dépend d'une cité aux lois justes.

La joie procure le désir d'augmenter les sources joyeuses et de réduire les motifs du chagrin. Une vie sans fêtes serait aussi morne qu'une longue route sans hôtellerie. La joie procure le désir d'aborder la complexité pour la comprendre et la traiter. Le poisson ordinaire n'a pas d'arêtes, il présente donc peu d'intérêt pour le penseur, qui aime ce qui est complexe. Et plus nous sommes joyeux, plus nous pensons, plus nous désirons la justice et la sagesse.

Parties du cosmos, nous sommes composés d'atomes qui tourbillonnent dans le vide. Notre corps est l'abri de notre âme, il est comme une tente qui la protège des grands vents. Notre âme est la force motrice de notre corps, elle est l'énergie qui le porte à vivre et agir. Si notre bonheur dépend de nous, nous sommes là pour contribuer au bien de tous. La terre entière devient notre patrie une fois que notre intelligence[1] a saisi les liens.

Comprendre est une joie, quand même ce que la pensée comprend est tragique.

Sois joyeusement

On parle actuellement beaucoup de bonheur et de plaisir et très peu de la joie.

L'air du temps sème à tous vents le bonheur par le développement personnel.

---

1. Le mot intelligence, du verbe latin *inter-legere*, signifie, littéralement, établir des liens entre les choses.

Il nous souffle un « fais-toi plaisir » empli des « petits plaisirs de la vie ».

Pourtant, un homme ne peut être heureux dans un monde plein d'injustices et de misères.

Pourtant, ta grandeur d'homme ne consiste pas à te contenter du petit.

Plus modeste que le bonheur, plus dense que le plaisir, la joie[1] t'ouvre une autre voie.

La joie s'éprouve aussi dans le malheur, comprendre ce qui t'arrive dilate ton cœur.

Née de ta pensée qui s'exerce à comprendre, la joie fait le lien entre le monde et toi.

Ce lien te fait désirer une humanité qui ne rompt pas les liens, mais pose des lois justes.

Ne sais-tu pas ce qu'est la joie ? Tu es joyeux quand tu te sens léger et ouvert !

Tu préfères un bonheur intense ? Pourtant, dès qu'il est là, tu crains de le perdre !

La légèreté te semble superficielle ? Tu refuses à ton âme la sveltesse que tu veux pour ton corps !

Tu t'étonnes des rires que laisse fuser la joie ? Ton âme dilate ton corps car ils font un !

Tu crains de paraître ignorant ? De toute façon, ton ignorance dépassera toujours tes savoirs !

L'hésitation te retient d'agir ? Tu te prives donc de la joie de mesurer tes forces !

Les difficultés abattent ton courage ? Mais c'est à ton courage de combattre les difficultés !

---

1. Le mot grec pour dire la joie est *euthumia* (de *eu* = bon et de *thumos* = humeur du cœur).

Du fond de mon désir de bonheur, par-delà tout ce qu'on me dit de faire pour être heureux, j'entends : « En t'entraînant à comprendre, tu te réjouiras d'être l'acteur de ta vie et non pas un pantin ! »

--- Notes de pensée ---

À toi lecteur !

Russel et la joie philosophique

La philosophie, sans pouvoir nous donner la réponse aux doutes qui nous assiègent, peut tout de même suggérer des possibilités qui élargissent le champ de notre pensée et délivrent celle-ci de la tyrannie de l'habitude... Elle garde intact notre sentiment d'émerveillement en nous faisant voir les choses familières sous un aspect nouveau... Plus un homme a des sujets d'intérêt, plus il a d'occasions d'être heureux... L'homme heureux est celui dont la personnalité n'est pas divisée contre elle-même ni en conflit avec le monde. C'est dans cette union profonde et instinctive avec le courant de la vie que l'on trouvera les joies les plus intenses.[1]

La philosophie occupe le terrain laissé inexploré par la religion et la science. Chaque religion répond à sa façon aux questions insolubles qui hantent les hommes. Mais répondre à des questions sans réponse, c'est laisser ouverte la porte à l'inquiétude. Les sciences répondent aux questions solubles que se posent au fur et à mesure les hommes. Mais ce que nous pouvons savoir est peu de chose par rapport à ce que nous ne saurons pas.

Le terrain où naît et renaît la philosophie est notre esprit pris dans l'épreuve du vivre. Une croyance religieuse imperméable à l'angoisse serait insensible à la vie elle-même. Un savoir qui oublierait ce qu'il ignore rendrait aveugle à ce qui peut être encore appris. Il nous faut vivre sans certitudes sans pour autant être paralysé

---

1. Russel, *Initiation à la Phimosophie* ; *La Conquête du bonheur.*

d'hésitations. Vivre philosophiquement, c'est faire de l'incertitude du vivre une source de joies.

En pensant que rien n'est évident, confiné, définitif, l'homme va au-delà de ce qu'il perçoit. En questionnant le trivial il voit l'inattendu, en bousculant l'habitude il se découvre différent. En allant au-delà de ce qui lui est petitement utile, il découvre l'utilité supérieure du sens. Intéressé par ce qui l'entoure, il ne s'ennuie pas mais, au contraire, s'amuse et se réjouit. Expérimentant son aptitude à changer, il ne craint plus, mais se réjouit d'entreprendre.

Projeté hors du cercle étriqué de ses intérêts particuliers, l'homme s'intéresse au monde. Cet intérêt désintéressé crée un lien neuf entre lui-même et la réalité extérieure. Avant il désirait avoir et s'imposer, maintenant il désire être et apprendre. Avant il se sentait assiégé d'obstacles, à présent il est joyeux des chemins qu'il entrevoit. Ouvert de l'intérieur à l'infini propre à l'univers, il est paré contre les difficultés de la vie.

Accidents et malheurs font partie de notre existence, nous ne pouvons pas les esquiver. Mais il dépend de nous de les affronter avec courage ou de nous laisser submerger. Qui a mené une vie égocentrée et routinière est dérouté à la moindre difficulté. Qui a un vaste champ d'intérêts porte toujours en lui des motifs pour se réjouir. Même terrible, ce qui lui arrive ne le met en conflit ni avec le monde ni avec lui-même.

Se sentir citoyen d'une réalité aux ressources sans fin procure la joie philosophique.

Choisis la vie philosophique

On n'a jamais, autant que de nos jours, dénoncé la résistance au changement.

Tu trouveras plein de recettes qui te disent comment faire pour être flexible.

On n'a jamais autant dit que l'incertitude était l'un des traits de la complexité.

Cependant, on ne t'estime sérieux et fiable que si tu produis ta feuille de route.

On ne t'a jamais donné autant l'occasion de voyager de par le monde.

Mais si tu n'es pas vigilant, où que tu ailles, tu trouves mêmes hôtels et produits.

L'éloge de la nouveauté dissimule un conformisme inédit dans l'Histoire.

Et le conformisme traduit la trouille de la vie, qui nous fait sans relâche des surprises.

Es-tu séduit par l'air du temps ? Attention à toi, cet air est pollué de non-sens.

Tu te crois flexible car tu te déplaces ? Tu peux faire du surplace en changeant de lieu !

Tu t'ennuies malgré tes voyages ? C'est normal, l'intérêt ne peut venir que de toi !

Tu feins de t'amuser ? La feinte est fatigante, elle ne procure jamais de joie !

Tu trouves la philosophie barbante ? Tu confonds érudition et ouverture d'esprit !

Tu estimes ton esprit suffisamment ouvert ? Méfie-toi, l'ouverture n'est jamais suffisante !

Tu trouves la sagesse difficile ? Est péniblement difficile ce qui n'attire pas ton intérêt !

Tu t'émerveilles toujours et de plus belle ? Formidable, la joie est en toi !

Du fond de moi, au milieu du marché mondial des certitudes, j'entends : « Maintiens vivant en toi le questionnement producteur de sens par-delà les dogmes et les sciences ! »

À toi lecteur !

Merleau-Ponty et l'espoir philosophique

Le philosophe dit que le monde commence, que nous n'avons pas à juger de son avenir par ce qu'a été son passé, que l'idée d'un destin dans les choses n'est pas une idée, mais un vertige, que nos rapports avec la nature ne sont pas fixés une fois pour toutes, que personne ne peut savoir ce que la liberté peut faire, ni imaginer ce que seraient les rapports humains dans une civilisation qui ne serait pas hantée par la compétition et la nécessité. Il ne met son espoir en aucun destin, même favorable, mais justement dans ce qui en nous n'est pas un destin, dans la contingence de notre histoire... La philosophie nous éveille à ce que l'existence du monde et la nôtre ont de problématique, à tel point que nous soyons jamais guéris de chercher une solution dans le « cahier du maître ».[1]

Ce qui fait le philosophe, c'est un continuel mouvement qui lui procure du repos. Ce mouvement va de l'ignorance au savoir et du savoir à l'ignorance. Ce mouvement va de soi au monde et du monde à soi, produisant sortie, repli, ouverture. Ce va-et-vient est réflexion, questionnement sur *la chair* mouvante et complexe *du réel*. Par ce va-et-vient naît la compréhension, qui navigue entre contradiction et clarification.

Est philosophe celui qui sait qu'il ne sait rien, mais ne se résigne pas à ne pas savoir. Un philosophe questionne ce qui, dans le monde et

---

1. Merleau-Ponty, *L'Éloge de la philosophie.*

dans l'histoire, ne va pas de soi. Est philosophe celui qui désire élucider les contradictions du réel sans en dissoudre le mystère. Un philosophe cherche à saisir l'invisible du visible, à mettre en perspective ce qu'il voit. Un philosophe fait voir l'invisible qu'il voit par des mots, qui sont ses mots à lui.

Avec ses mots, chaque philosophe dévoile un *toujours neuf* sur fond d'un *toujours même*. Le même, c'est ce lien qui à chaque fois s'instaure entre un sujet libre et la réalité du monde. Le nouveau, ce sont les pensées et actions qui naissent des rencontres, toujours singulières. Ainsi, à tout moment, le monde commence, son avenir ne saurait être déduit de son passé. Ainsi, nous ne pouvons prévoir l'histoire à venir, l'incertitude est notre seul horizon.

Cette incertitude nourrit notre liberté et donne à nos yeux une vue philosophique. Parce que rien n'est écrit malgré tous les écrits, chacun doit réinterroger ce qu'il voit et vit. Parce que rien n'est joué malgré tous les jeux déjà faits, chacun a la liberté de créer du neuf. La vue philosophique sait qu'il n'y a pas de solution à chercher dans le cahier d'un maître. La vue philosophique sait que le vrai maître est celui qui met notre esprit en éveil.

L'éveil de notre esprit est notre force, notre joie et notre espoir. Notre force, c'est de nous mettre en route chaque matin pour quérir et créer du sens. Notre joie, c'est de pouvoir être à tout moment émerveillés par la fraîcheur de l'aube. Notre espoir, c'est de savoir que rien n'est définitif et que l'histoire reste toujours à faire. Notre espoir, c'est aussi de savoir que rien n'est perdu et que tout reste à entreprendre.

Toute fin est un nouveau commencement dont nous ignorons l'avenir.

Choisis la vie philosophique

Te voici pris dans une civilisation hantée par la compétition et l'immédiatement utile.

Elle te somme d'être gagnant, de faire vite et de bien te porter si tu veux rester dans la course.

Te voici pris dans une civilisation obsédée par les prédictions et le contrôle.

Elle t'assomme de pronostics médicaux, statistiques, astrologiques, météorologiques.

Elle sème en toi le trouble en mettant au même niveau les grands penseurs et les nuls.

Cette civilisation harcelante et confusante ne fait pourtant que passer.

Réveille-toi sur son passage, refuse de te faire prendre, repousse les recettes.

Lève-toi ! Les clés de ta liberté sont en toi, aime ton avenir incertain !

Mets-toi debout ! Problématique, la vie te sollicite, toi !

Avance la tête haute ! T'apparaîtront ainsi au fil du chemin tes vrais compagnons de route !

Tiens bon dans la tempête ! Tes amis marins sont avec toi !

Continue d'avancer ! En marchant t'apparaîtront paysages, visages, nouveaux jardins !

Élève ton esprit ! Cultivé à respirer l'air vif, il t'offrira une vie toujours fraîche !

Ainsi tu auras choisi une vie, ta vie, le voyage pour lequel jamais tu n'auras de regret !

Du fond de moi, j'entends : « Choisis la vie philosophique, la vie qui se nourrit et se réjouit d'un esprit en éveil et d'un cœur en fête, la vie qui te fait vivre libre et jeune, quoi qu'il en soit, jusqu'au bout ! »

À toi lecteur !

Postfaces

La sagesse du poète

Ithaque, de *Constantin Cavafis*

Le jour où en route tu te mettras pour Ithaque,
Souhaite que long soit le chemin,
Plein d'aventures, plein de connaissances.
Des Lestrygons et des Cyclopes,
De Poséidon le coléreux, n'aie pas peur.
Tu ne trouveras rien de pareil sur ton chemin,
Si ta pensée garde sa hauteur,
Si l'émotion délicate effleure ton corps et ton esprit.
Tu ne rencontreras sur ton chemin
Ni Lestrygons ni Cyclopes,
Ni le sauvage Poséidon,
Si tu ne les portes pas dans ton âme,
Si ton âme ne les dresse pas devant toi.

Souhaite que le chemin soit long.
Que nombreux soient les matins de l'été
Où, plein de réjouissance et plein de joie,
Tu entreras dans des ports que tu verras pour la première fois.

Fais escale dans les comptoirs phéniciens,
Pour obtenir de belles choses,
Nacres, coraux, ambres, ébènes,
Parfums voluptueux de toutes sortes,
Autant de parfums voluptueux que tu peux.
Va parcourir beaucoup de villes égyptiennes,
T'instruisant auprès de ceux qui ont étudié.

Aie toujours Ithaque présente dans ta pensée.
L'atteindre est ta destination.
Mais ne hâte surtout pas le voyage.
Mieux vaut qu'il dure beaucoup d'années,
Et que, vieux déjà, tu jettes l'ancre sur l'île,
Riche de ce que tu as gagné sur ton chemin,
Sans attendre qu'Ithaque t'offre des richesses.

Ithaque t'a offert le beau voyage.
Sans elle, tu ne te serais pas mis en chemin…

Postface II

La sagesse d'Athéna

Une déesse pour la sagesse

La déesse de la sagesse, Athéna, naît d'une étrange manière. Zeus désire Métis[1], dont l'astuce dépasse celle des dieux et des hommes réunis. Il la féconde, puis la dévore enceinte, pour en absorber l'intelligence inégalée. Le fruit de cette union mûrit dans sa tête, transformée en matrice. Au bout d'une douloureuse gestation, Héphaïstos délivre Zeus d'un coup de hache. Athéna surgit brandissant son javelot et tout armée d'or étincelant. Fille du Roi des dieux olympiens et de l'antique déesse Métis, Athéna est double. Elle est déesse des combats, celle que les guerriers invoquent pour leur victoire. Elle est déesse de la sagesse, celle dont on sollicite les conseils pour bien agir. Guerrière, Athéna intervient avec discernement, c'est-à-dire avec justesse et justice. Sage, Athéna a l'intelligence de la vie, qui comprend les situations et résout les problèmes.

La déesse de la sagesse porte en elle toute la force du combat.

---

1. Métis, en grec, signifie la ruse.

Une déesse chouette

L'emblème d'Athéna est la chouette, oiseau de la nuit. Et la déesse a les attributs de l'oiseau qui l'accompagne. Son regard gris perle perce les ténèbres, il éclaire ce qui était obscur. Quand tout est favorable, la chouette observe le silence, son silence est d'or. Sensible à la moindre alerte, elle hulule aussitôt pour signaler le danger. Soucieuse de vivre, elle sait éloigner tout ce qui peut lui nuire. Les mortels voient en la chouette un chasse-malheur, ou un porte-bonheur. Les philosophes font d'Athéna-la-Chouette ou Minerve le symbole de la sagesse. Comme la chouette, la pensée du philosophe prend son envol à la tombée de la nuit[1]. La pensée du philosophe vient, après la confusion des événements, en décrypter le sens. Elle ne redoute pas l'opacité, elle y concentre son attention pour la vaincre. Et elle emporte la victoire en y semant des filets de lumière.

La déesse de la sagesse est redoutable seulement pour qui craint le jour.

Une déesse protectrice des hommes

Le combat ne vise pas la guerre, mais la victoire et la paix. La paix passe par des lois permettant aux hommes de bien vivre dans leur cité. Athéna veut doter les hommes de l'Attique de lois justes. Elle dispute avec Poséidon la souveraineté sur cette région de la Grèce. Les deux adversaires cherchent chacun à séduire hommes et dieux par un cadeau fabuleux. D'un coup de trident magique, Poséidon fait jaillir sur l'Acropole un lac salé. Sur le rocher sec, Athéna fait pousser, doucement, un olivier. Pris pour arbitres, les dieux de l'Olympe optent en faveur de l'olivier. Arbre gracieux, l'olivier produit l'huile, matière précieuse parmi toutes[2]. Substance onctueuse

---

1. L'image est de Hegel.
2. Dans toutes les cultures, l'huile est le signe de la bénédiction divine, de la vie, de la fertilité, de la joie et de la fraternité.

et dorée, l'huile éclaire et nourrit, soigne et protège. Elle luit dans les lampes, ne peut manquer en cuisine, elle panse les plaies. L'huile protège le corps des athlètes et sert d'offrande lors de la célébration des dieux. Absolument utile dans la vie profane, elle est absolument nécessaire dans la vie sacrée[1].

La déesse de la chouette est aussi celle de l'olivier, symbole de fertilité et de paix.

Une déesse qui accompagne le voyageur

Durant la guerre de Troie, Athéna prend le parti des Achéens[2]. Venger Ménélas, trahi par son épouse Hélène, lui semble être cause juste. Elle a un faible pour Ulysse, aux innombrables astuces et au grand courage. Aussi l'aide-t-elle, une fois la guerre finie, à regagner son île, Ithaque. Le long de son périple, elle intervient diversement pour le tirer d'affaire. Tantôt elle prend la forme d'un mortel, pour le renforcer face à l'ennemi. Tantôt elle apparaît dans ses rêves pour lui donner le conseil qu'il lui faut. Tantôt elle le dote du charme qui lui fait obtenir ce dont il a besoin pour naviguer. Grâce à Athéna, Ulysse échappe à la nymphe Calypso et résiste aux Sirènes. Grâce à Athéna, Ulysse regagne Ithaque après un voyage long et tourmenté. Grâce à Athéna, Ulysse, errant sans se perdre, réalise le désir de retrouver son pays.

La déesse du combat ne lâche jamais un voyageur fidèle à son aspiration fondamentale.

---

1. C'est en offrant aux habitants de l'Attique l'olivier, qu'Athéna fut reconnue comme la déesse protectrice d'Athènes, qui lui doit son nom. Il est intéressant de rappeler qu'Athènes fut le berceau de la pensée scientifique et philosophique, du théâtre tragique et de la démocratie. La civilisation occidentale est l'héritière directe de ces inventions.
2. « Achéens » est l'autre nom des Grecs.

La sagesse de la vie

La déesse de la sagesse n'est pas dans le savoir, mais dans la vie. Son intelligence est celle des situations, qu'elle traite avec discernement. Sa force est celle du courage, qui transforme les pensées justes en actions efficaces. Son pouvoir invente ce qui éclaire et fortifie les hommes dans leur combat pour vivre. Car l'existence humaine est un combat, une traversée difficile, une suite d'épreuves[1]. La sagesse donne le courage de convertir les difficultés en chemins. La sagesse donne l'amour de ce travail de la pensée, qui tire leçon pour avancer. La sagesse transforme l'existence en voyage en inspirant le désir d'un retour. Voyage où, infatigablement, l'esprit dévoile et apprend, le cœur rencontre et aime. Voyage, où les cheminements extérieurs ouvrent nos chemins à notre for intérieur. Par le détour du monde, chacun rentre chez lui en laissant les fenêtres ouvertes. Par son errance à lui, chacun découvre Ithaque, son étoile de tous ses matins.

Ithaque pourrait être le nom de la *foi philosophique*[2] qui croit en l'incertain.

---

1. L'épreuve signifie d'abord l'essai, l'expérience qui nous confronte à nos ressources et limites. Ce n'est que par extension qu'elle désigne l'expérience douloureuse.
2. L'expression est de Karl Jaspers.

Postface III

Le bouquet d'Athéna[1]

En chemin...

Il y a les fleurs sauvages et les fleurs de jardin. On rencontre les premières en quittant les circuits convenus. On trouve les autres en cultivant son terreau intérieur. On peut planter des graines sauvages dedans. À condition de les laisser à ciel ouvert.

L'achillée de l'Olympe est pâquerette qui pointe quand la nature renaît. La fleur par laquelle Achille soignait les plaies annonce du temps doux au cœur. Les mélitis des montagnes sont les mélisses que savourent les abeilles butineuses. La fleur de Mélissa, sœur de la nourrice de Zeus, distille du miel à l'âme. L'acacia des rives marines est mimosa qui fait le soleil malgré la pluie. La fleur sans malice[2], la fleur bonne, ouvre à l'âme le chemin des métamorphoses. La blanche adonide est rouge pivoine qui pare les jardins au printemps. Née du sang d'Aphrodite sauvant Adonis blessé, pivoine ouvre l'âme à sa part d'immortalité. Soleil tourné au soleil, l'héliotrope démultiplie à l'infini le roi de l'univers. Il murmure à l'âme qu'elle démultiplie le soleil quand elle rayonne de générosité. Couronne de pousses dorées, le chrysanthème pare l'automne des couleurs de

---

1. Cf. Helmut Baumann, *Le Bouquet d'Athéna*.
2. Acacia vient du mot grec *akakia*, qui signifie l'absence de méchanceté.

l'été. L'âme apprend grâce à lui qu'elle est source de lumière quelle que soit l'humeur du ciel. Fleur aux pétales retournés, le cyclamen concilie aussi le cœur avec l'automne. Il lui rappelle que le retrait a des nuances parme comme l'aurore a des doigts de rose. Arbre qui fleurit quand tout sommeille, l'amandier exprime la pérenne fertilité de la terre. Il redit à l'âme qu'en toute saison se tisse en elle, si elle le veut, une robe de fête. Arbre aux fleurs et feuilles qui résistent à tous les temps, le laurier, rose ou blanc, encourage. Il invite l'âme à se souvenir que les grandes victoires sont celles qui nous font avancer.

En cheminant dans le pays d'Athéna, tu peux, ami lecteur, te faire ton bouquet de sagesse. En le faisant tu penseras aux fabuleuses vertus des plantes. Elles parent la terre, parfument l'air, colorent le temps, soignent les plaies. Elles couronnent le vainqueur, célèbrent les dieux, peuplent le monde de symboles. Chacune a son secret à confier ou à taire, ensemble elles entonnent l'hymne à la joie. C'est merveilleux, un être conscient de vivre. C'est merveilleux, un être qui désire comprendre. C'est merveilleux, un désir qui jouit de sa perpétuelle renaissance.

À nous de cueillir, sentir, butiner, offrir, semer, contempler, transmettre…

À la rencontre
des auteurs cités

HÉRACLITE (-576 à -480)

L'un des premiers penseurs de la Grèce, **Héraclite d'Éphèse** est surnommé « l'obscur » par ses contemporains en raison du caractère énigmatique de ses propos. Héraclite choisit de s'exprimer de façon lapidaire, par aphorismes. De surcroît, de ses écrits nous ne disposons que de quelques fragments épars, ce qui n'arrange pas la compréhension. Ce que nous savons néanmoins avec certitude, c'est qu'Héraclite pense que la réalité est perpétuel mouvement, que ce mouvement est une tension permanente entre forces antagonistes et que cette tension exprime une harmonie cachée. Le principe de cette harmonie est appelé *Logos*, raison ordonnatrice de toutes choses.

LAO-TSEU (-570 à -490)

Sage chinois, dont nous ne savons presque rien, **Lao-Tseu** est le fondateur du taoïsme, courant de pensée qui se démarque du confucianisme. Ce qui importe, pour Lao-Tseu, ce n'est pas de suivre un code moral, mais de se laisser emplir par le Tao – la Voie – par le vide actif du principe de tout ce qui existe. L'efficacité du non-faire est la clé de la sagesse taoïste. Selon la légende, Lao-Tseu aurait rédigé le *Tao te King* sur la demande d'un gardien de frontière, alors qu'il quittait la cour impériale, où il avait été archiviste, pour mener une vie solitaire.

PARMÉNIDE (-515 à -440)

L'un des premiers penseurs de la Grèce, auteur d'un poème intitulé *La Nature*, **Parménide d'Élée** est considéré comme le père de l'ontologie ou théorie de l'Être. Il s'oppose, en effet, à Héraclite en affirmant que le fondement de tout est l'Être, réalité absolument pleine, immobile et éternelle. La plupart des commentateurs attribuent à Parménide l'idée que le monde physique est une apparence et donc étranger à la connaissance, qui ne peut porter que sur l'être. Une autre lecture, attentive au titre que l'auteur donne à son ouvrage, tend à montrer que la Nature, monde du devenir, est une réalité d'un autre genre que l'Être qui la fonde et qui ne peut faire l'objet que d'une connaissance approximative.

SOPHOCLE (-495 à -406)

Poète tragique grec, chronologiquement situé entre Eschyle et Euripide, **Sophocle** donne à la tragédie sa forme définitive sur le plan théâtral. Du point de vue des idées, il reprend, à l'instar de ses pairs, les grands mythes grecs en les centrant, à chaque fois, autour du héros principal (Œdipe, Antigone, Électre, Ajax...). Celui-ci apparaît avec un caractère qui lui est absolument propre et qui agit comme un destin. En déployant les traits de son être, le héros finit par se trouver face à lui-même. Dans ce face-à-face, il découvre la volonté irrévocable des dieux, qui est son malheur et sa mort.

DÉMOCRITE (-460 à -370)

Physicien et moraliste, **Démocrite d'Abdère** est surtout connu pour sa théorie matérialiste et atomiste de la nature. À ses yeux, la Nature est composée de particules matérielles infiniment petites qui se meuvent dans le vide et dont les rencontres donnent naissance aux corps multiples et variés que perçoivent nos sens. Pour Démocrite, l'âme elle-même semble être un corps, mais un corps particulier par sa légèreté et sa souplesse, car constitué d'atomes très subtils.

PLATON (-427 à -347)

Disciple fervent de Socrate, **Platon** est le premier philosophe à aborder méthodiquement toutes les questions fondamentales sous forme de dialogues dont son maître est, la plupart du temps, l'interlocuteur principal. Sa philosophie s'articule autour de la théorie des Idées, liée à celle de l'immortalité de l'âme. Le monde que perçoivent nos sens – le monde du devenir – est la copie imparfaite du monde intelligible – monde des Idées –, qui sont des formes parfaites, immatérielles et éternelles. Notre corps, qui fait partie du monde du devenir, est l'enveloppe de notre âme, et cette enveloppe est un écran qui empêche celle-ci d'avoir une vision directe et permanente des Idées. Le philosophe est pris entre deux désirs contraires : le désir de s'isoler pour contempler, autant que faire se peut, les Idées durant sa vie ; le désir de combattre l'injustice politique et donc de prendre le pouvoir pour imposer le Bien. Pour exprimer sa vision de la réalité, Platon a recours autant à l'argumentation rationnelle – la dialectique – qu'à l'affabulation – il invente ses propres mythes, les mythes platoniciens.

ARISTOTE (-384 à -322)

Disciple de Platon, **Aristote** rompt avec l'enseignement de son maître sur un point essentiel. À ses yeux, le monde que perçoivent nos sens – le monde des mouvements – est une réalité à part entière et n'a pas besoin d'un monde idéal – le monde des Idées immuables – pour exister. Dans cette perspective, le philosophe doit d'abord observer les choses, puis chercher les liens entre les choses afin de comprendre comment les différents êtres mouvants se situent les uns par rapport aux autres – comment est constitué l'univers, dont les astres, les végétaux, les animaux et les animaux pensants que nous sommes. La science[1] est la connaissance rationnelle de la réalité, et il

---

1. Le mot grec pour dire la science, *epistémé*, vient du verbe *epistamai/efistemi*, qui signifie être placé au-dessus, être situé sur, et, par voie de conséquence, avoir la capacité de.

y a autant de sciences que de catégories de réalités. Aristote est le précurseur de la démarche scientifique, même s'il s'est, à plusieurs reprises, trompé dans ses hypothèses. Nous disposons de la totalité des œuvres d'Aristote, qui recouvrent l'ensemble des domaines du savoir : physique, histoire naturelle, cosmologie, psychologie, métaphysique, éthique, politique, logique, rhétorique, poétique.

SÉNÈQUE (-4 à 65)

Homme public, précepteur de l'empereur Néron et philosophe, **Sénèque** développe un stoïcisme qui ne tourne pas le dos à la vie active. À ses yeux, le bien le plus précieux de l'homme est d'acquérir la liberté intérieure, qui met à l'abri des pressions extérieures et de la contingence des événements. La *vie heureuse* se construit grâce à la fréquentation de sages anciens et contemporains, qui proposent chacun un chemin pour se détacher de ce qui est vain, et aussi grâce à la détermination de ne jamais soumettre son pas au pas d'un autre. Conseillant le suicide dans le cas où celui-ci serait le seul moyen de préserver sa liberté, Sénèque met fin à ses jours le jour où Néron refuse ses services.

PAUL DE TARSE (15-67)

Pharisien scrupuleusement attaché aux rituels de la loi de Moïse, **Saoül Paul** se convertit à la foi chrétienne, sur une fulgurante vision qu'il a sur le chemin de Damas. À partir de ce moment, il devient un adepte fervent du Christ, dont il se fait le messager en voyageant en Asie Mineure. Dans ses discours et lettres, nommées *Épîtres*, il prône une éthique sévère, fait l'éloge du célibat, prêche la sobriété extrême dans le mariage. La force de son style apparaît dans un texte qui tranche sur tous les autres et qui est l'un des plus beaux hymnes faits à l'amour de Dieu.

ÉPICTÈTE (50-130)

Esclave affranchi à Rome, **Épictète** transmet oralement à ses disciples sa vision du stoïcisme, courant de pensée fondé par Zénon de Citium. Pour lui, nous avons à apprendre l'indifférence à l'égard de tous les événements qui ne dépendent pas de nous et à désirer ce que le destin nous apporte. Cet apprentissage conduit à la liberté intérieure, synonyme d'absence de trouble ou *ataraxie*. Imperméable aux influences extérieures, le sage a la maîtrise de sa propre pensée.

MARC-AURÈLE (121-180)

Empereur romain fort actif, **Marc-Aurèle** mène en parallèle une vie méditative qu'il exprime dans ses *Pensées*. Séduit par le stoï-cisme, Marc-Aurèle insiste tout particulièrement sur l'éminence de la pensée humaine, qui cherche à concilier l'autonomie de l'individu et sa dépendance par rapport à l'univers, l'amour de la contemplation solitaire et le sens du devoir, la conscience de la fugitivité de la vie et l'attention au présent. Malgré sa croyance en l'ordre cosmique, Marc-Aurèle ne rejette pas l'hypothèse épicu-rienne du hasard. Quelle que soit la force qui mène le cosmos, ce qui est, pour lui, important, c'est que l'homme ne se laisse pas aller au hasard.

MACHIAVEL (1469-1527)

Esprit cultivé par la fréquentation des auteurs anciens, une connaissance approfondie de l'histoire et une curiosité à l'égard de l'actualité politique, **Machiavel**, auteur de livres historiques et romanesques, est connu surtout pour son ouvrage *Le Prince*. Adressé à Laurent de Médicis, ce livre vise, à travers l'étude des différents types de principautés, à mettre en relief les qualités que doit déployer un prince pour se maintenir au pouvoir en se faisant respecter. On reproche injustement à Machiavel son cynisme. Ce qu'on appelle le « machiavélisme » est en fait un réalisme pragma-tique. Si *la fin justifie les moyens*, ceux que propose Machiavel sont loin d'être inhumains.

MONTAIGNE (1533-1592)

Homme public, esprit éminemment cultivé, **Michel de Montaigne** entreprend de s'étudier lui-même, non pas pour se raconter, mais pour découvrir en lui *la forme de l'humaine condition*. S'inspirant de la sagesse des anciens, il découvre au fur et à mesure qu'il écrit sa propre sagesse. Et cette sagesse est un apprentissage infatigable du *métier de vivre*. Le constat de la diversité des coutumes, les expériences de l'accident et de la maladie, l'observation des différentes manières d'aborder la connaissance sont autant de matériaux où l'auteur puise sa compréhension de la complexité humaine et l'apprivoisement de ses propres peurs. Montaigne est, pour la pensée française, ce qu'Homère fut pour la pensée grecque : une source inépuisable d'inspiration.

BACON (1561-1626)

Homme politique et philosophe anglais, **Francis Bacon** rompt avec l'allégeance des savants à l'autorité d'Aristote en proposant l'alliance entre la raison et la technique. Son ouvrage, intitulé *Novum Organum*, ouvre la voie de la science expérimentale tout en dénonçant les préjugés qui empêchent l'esprit humain de se frayer de nouveaux chemins.

DESCARTES (1596-1650)

En pleine philosophie classique, **René Descartes** a l'idée géniale de mettre en doute tous les enseignements reçus et toutes les informations de ses sens pour chercher une vérité qui résiste au doute. La vérité qu'il découvre est le *cogito*, qui est l'intuition que chaque individu a de lui-même à travers sa conscience d'exister. À partir de Descartes, le point de départ de la philosophie n'est ni Dieu, ni l'Être, mais le sujet pensant. Le cartésianisme attribué à Descartes fait référence à deux choses. D'une part à la confiance que celui-ci fait à la raison. À ses yeux, la condition de la connaissance scientifique, de la conduite heureuse et du bonheur est dans l'exercice de cette faculté de clarté et d'ordre qu'est la raison. D'autre part à sa thèse dualiste, qui sépare l'esprit – substance pensante – de la matière – substance étendue.

PASCAL (1623-1662)

L'un des esprits les plus complets et les plus puissants du XVIIe siècle, **Blaise Pascal** est mathématicien et physicien, mais aussi théologien et philosophe à sa manière. En tant que scientifique, nous lui devons les fortes avancées dans le calcul infinitésimal[1] et l'avancement de la loi de la chute des corps[2]. Si Pascal est philosophe et théologien à sa manière, c'est que, chrétien fervent et adepte du jansénisme[3], il rejette autant les lectures raisonneuses de la Bible que les philosophes qui démontrent rationnellement l'existence de Dieu[4]. Il propose, à la place, une approche intuitive de la condition humaine, pensée à travers une lecture également intuitive des textes de l'Ancien et du Nouveau Testament. Rares sont les auteurs qui, comme Pascal, ont sondé la situation contradictoire de l'homme dans l'univers, *roseau pensant*, conjointement *grand* et *misérable* : être si faible qu'un rien suffit pour l'écraser, mais grandiose, car il est conscient de ce qui lui arrive et de l'avantage que l'univers a sur lui.

SPINOZA (1632-1677)

Philosophe d'origine juive, **Baruch Spinoza** déroute autant les juifs que les chrétiens en affirmant qu'il n'y a qu'une seule réalité, la Nature ou Dieu – une Nature qui coïncide avec Dieu. Contre le dualisme, Spinoza affirme que la matière et l'esprit sont deux

---

1. Le philosophe et savant Leibniz en serait l'inventeur.
2. Son invention revient à Galilée.
3. Courant chrétien, déviant de la doctrine catholique officielle, marqué par la croyance en la prédestination des âmes et en la primauté de la foi sur les œuvres : sont les élus de Dieu ceux qui ont la foi – c'est la foi qui sauve et non les œuvres.
4. Le théologien Thomas d'Aquin et le philosophe Descartes représentent le genre de pensée que Pascal hait le plus.

expressions différentes d'une même réalité. Contre le monothéisme, Spinoza affirme que Dieu n'est pas une personne transcendante mais la force qui structure tout. Contre le rationalisme, Spinoza affirme que l'homme est fondamentalement désir d'être et que la compréhension est le cheminement progressif du désir vers la connaissance de lui-même et de la Nature/Dieu dont il est partie intégrante. Spinoza est le premier théoricien du régime politique libéral, fondé sur le droit naturel de l'individu à la liberté.

ROUSSEAU (1712-1778)

Philosophe et romancier d'origine suisse, Jean-Jacques Rousseau est un penseur animé par deux aspirations contraires en résonance l'une avec l'autre. D'une part, le désir de solitude que lui inspire la crainte de la société ; de l'autre, le souci de poser les fondements d'une société juste qui protège la liberté des individus en visant l'intérêt commun. La première tendance donne naissance à des ouvrages comme les *Confessions* et le *Discours sur l'origine et les fondements de l'inégalité*. La deuxième au *Contrat social*. *Émile*, qui porte sur l'éducation des enfants, concilie les deux mouvements en préconisant une pédagogie qui respecte la nature de chaque enfant en initiant celui-ci au respect de l'intérêt général.

KANT (1724-1804)

Contre une pensée qui remonte aux philosophes grecs, **Emmanuel Kant** affirme que nous ne percevons jamais les choses telles qu'elles sont en elles-mêmes mais telles qu'elles sont façonnées par la structure de notre esprit. Ainsi, le temps, l'espace, les liens de cause à effet, etc., ne sont pas dans les choses, mais sont des formes contenues dans notre esprit. Contre une confiance absolue en les pouvoirs de la raison qui remonte également aux philosophes grecs, Kant affirme que notre raison a des limites infranchissables et que, portée par son besoin métaphysique inné à les dépasser, elle se met à divaguer. Ainsi, quand elle quitte le domaine de l'expérience possible (qui est celui de la science), la raison peut démontrer à la fois l'existence de Dieu et son contraire, à la fois l'immortalité de l'âme et son contraire, etc. Enfin, Kant fonde la moralité sur la capacité qu'a l'homme de s'opposer au penchant naturel en obéissant au devoir que lui fixe sa raison.

KIERKEGAARD (1813-1855)

Pasteur, théologien et philosophe, **Sören Kierkegaard** est le fondateur de l'existentialisme chrétien. Il part du principe que Dieu a créé l'homme absolument libre et que cette liberté entière emplit l'homme d'un sentiment indépassable d'angoisse. Il pense la condition humaine à partir du péché originel et de la rédemption que l'incarnation de l'Éternel dans le temps, en la personne de Jésus, rend possible. Le caractère profondément religieux de cette pensée fourmille de remarques psychologiques très fines sur des thèmes aussi différents que le désespoir, la séduction, la relation au temps, aux autres et à l'action.

NIETZSCHE (1844-1900)

Fils de pasteur révolté contre l'hypocrisie des ministres du culte, **Friederich Nietzsche** fait la *généalogie de la morale*. Il recherche les raisons psychologiques qui ont conduit les prêtres et les rabbins, mais aussi les philosophes à partir de Socrate, à affirmer la valeur de la raison, prétendue source de vérités et de vertus, contre le désir, source d'erreurs et de troubles. À ses yeux, l'affirmation de la raison qui censure la vie au nom de valeurs transcendantes, et en vue d'une vie après la mort, est le fait d'hommes faibles qui, n'ayant ni la conscience ni le courage de leurs désirs, cherchent à culpabiliser ceux qui sont porteurs de fortes aspirations. Pour Nietzsche, la réalité coïncide avec la *volonté de puissance,* qui est affirmation de la vie exprimée par un élan créateur. L'affirmation de la vie est à la fois acceptation de son caractère irrémédiablement douloureux et création d'œuvres belles, qui sont voiles protecteurs et consolations provisoires. Contre la sagesse faussement sereine des philosophes classiques, Nietzsche prône la *sagesse tragique,* qui est *amor fati,* amour de ce qui est, tel qu'il est, dans sa contradictoire et douloureuse nécessité.

BERGSON (1859-1941)

Marqué par les théories de l'évolution des espèces vivantes et notamment par celle de Darwin, **Henri Bergson**, esprit ouvert et raffiné, élabore une histoire philosophique de l'apparition successive des différentes formes de matière, de vie et de conscience dans l'univers. À la source de tout, il y a l'*élan vital, énergie spirituelle* qui tire la matière de son inertie en produisant la matière vivante, dont la caractéristique essentielle est d'évoluer par bonds et en se diversifiant de plus en plus. L'étoffe de la réalité est *la durée*, cette force qui fait que les choses résistent à l'usure en renouvelant leur être. Avec l'apparition des êtres vivants, la durée s'intensifie en s'individualisant, chaque vivant ayant sa durée propre. Au niveau du vivant le plus complexe, l'homme, la durée est à la fois ce qui caractérise chaque individu et ce que chacun doit saisir intuitivement en lui pour découvrir sa personnalité réelle, son *moi profond*, sa durée. Bergson nous invite à prendre nos distances par rapport au *temps*, cette convention indispensable à la vie en société mais qui nous détourne de nous-même.

UNAMUNO (1864-1936)

Écrivain et essayiste espagnol, **Miguel de Unamuno** est un esprit ouvert et un homme politiquement engagé. Chrétien, fortement intéressé par Nietzsche, Unamuno met en relief la tension, en l'homme, entre la raison qui ne comprend pas la vie et la vie qui désire ce que la raison ne comprend pas. Son originalité est d'affirmer simultanément le caractère tragique – douloureux, mortel – de l'existence et la présence de Dieu – qui accompagne sans consoler. Il s'est opposé à la dictature de Franco.

RUSSEL (1872-1970)

Mathématicien et philosophe anglais, admirateur de Leibniz, **Bertrand Russel** est l'un des fondateurs de la philosophie analytique, qui privilégie l'étude du langage et pose les bases de la logique moderne. Mais Russel s'intéresse également aux problèmes métaphysiques, aux problèmes du quotidien et à l'histoire de la pensée. Aussi, à côté de ses écrits logiques, il compose une histoire de la philosophie et une initiation à la philosophie à l'usage de ceux qui ne sont pas philosophes.

BATAILLE (1897-1962)

Écrivain et essayiste français, **Georges Bataille** hésite entre la littérature et la philosophie. Simultanément inspiré par Nietzsche et par Marx, il voit en l'homme un être qui découpe rationnellement le monde au moyen des outils qu'il fabrique pour produire mais qui, livré à lui-même, plonge dans l'indifférencié de la « vie-mort ». Pour lui, l'angoisse de la mort et l'inquiétude de la vie se rejoignent et s'éprouvent dans ces expériences exceptionnelles que sont la fusion amoureuse et la violence. Son ouvrage *L'Érotisme* est un condensé de cette vision des choses.

SARTRE (1905-1980)

Principal fondateur de l'existentialisme athée, **Jean-Paul Sartre** affirme que *l'existence précède l'essence*. Cela veut dire que rien n'est avant l'individu qui naît au monde et que chaque individu est ce qu'il fait et tel qu'il se fait. Cette production, par chacun, de sa propre essence coïncide avec la liberté. La liberté est indissociable de la conscience. La conscience est relation et *projet*. L'homme se construit parce qu'il est conscient *de* ce qui l'entoure, parce qu'il est toujours jeté au-delà de l'immédiat et du présent. En se construisant, l'homme découvre qu'il n'est pas seul et que sa liberté doit assumer la responsabilité de respecter celle des autres.

ARENDT (1906-1974)

Allemande et juive, émigrée aux États-Unis, **Hannah Arendt** utilise son esprit et sa culture philosophiques pour comprendre comment des hommes civilisés ont pu réaliser la production industrielle de la mort dans les camps d'extermination. La préoccupation centrale d'Arendt est d'ordre politique. Si elle cherche à comprendre le système totalitaire et l'antisémitisme, c'est pour contribuer à ce que le mal radical ne se reproduise pas. Mais comme la compréhension du mal totalitaire suppose une étude à la fois du fonctionnement de l'esprit humain, de la culture occidentale et de la crise dans laquelle mettent cette culture les technologies constitutives de notre « modernité », la pensée arendtienne radiographie autant *la vie de l'esprit* que *la condition de l'homme moderne* et *la crise de la culture*.

ELIADE (1907-1986)

Historien des religions et écrivain roumain, **Mircea Eliade** étudie mythes fondateurs et pratiques initiatiques du monde entier. Il prend pour fil conducteur la distinction entre le profane et le sacré, qui, départageant le temps et l'espace vécus par les hommes, permettent à ceux-ci d'avoir un lien avec le mystère qui donne sens au quotidien laborieux de leur vie.

JONAS (1907-1996)

Philosophe juif, ami de H. Arendt et émigré comme elle aux États-Unis, **Hans Jonas** s'intéresse essentiellement au péril de disparition contenu dans les progrès technologiques prométhéens réalisés en la seconde moitié du XXe siècle. L'essentiel de son œuvre opère le dépassement de la morale kantienne du respect par *le principe de responsabilité*. Celui-ci exige de tout individu, mais par-dessus tout du scientifique, du politique et de l'enseignant, de ne décider qu'après avoir pesé les conséquences de cette décision pour les générations futures. Le principe de responsabilité inclut dans le respect de l'homme, contemporain et à venir, le respect de l'environnement, condition de survie pour l'humanité. Jonas est le philosophe – méconnu – du développement durable.

MERLEAU-PONTY (1908-1961)

Marqué par la devise du fondateur de la phénoménologie Husserl, « revenir aux choses mêmes », **Maurice Merleau-Ponty** cherche à décrire le monde tel qu'il apparaît à l'homme de chair et non pas à partir des concepts que fournit la science. Cette recherche le conduit à prendre pour référence l'expérience vécue, dans laquelle le corps et la conscience ne sont qu'une seule et même réalité, puisque toute conscience est le point de vue par lequel un corps singulier perçoit le monde. Le souci de décrire concrètement la réalité humaine conduit Merleau-Ponty à des réflexions sur l'histoire, qui est le champ de rencontre et de réalisation des subjectivités.

Simone WEIL (1909-1943)

Juive, passionnément attirée par la foi chrétienne, **Simone Weil** milite avec ardeur pour l'amélioration de la condition ouvrière tout en tenant des cahiers où elle développe une philosophie imprégnée de mysticisme. En quête d'une réalité pure d'illusions, Simone Weil choisit la porte du malheur, seul capable, à ses yeux, de faire accéder l'esprit à la lumière. Sa recherche foisonne d'intuitions fulgurantes sur la contradiction de la condition humaine. Ses cours de philosophie abordent de manière originale les thèmes mis au programme de la classe de philo.

HABERMAS

Philosophe allemand né en 1929, **Jürgen Habermas** commence par présenter la technique, qu'on imagine neutre, comme l'expression de l'idéologie moderne. Puis, dépassant sa radiographie de notre civilisation rationaliste qui a conduit au système totalitaire, il cherche un moyen pour refonder la démocratie sur une raison inévitablement faillible. Pour lui, il est nécessaire de restaurer le dialogue politique en instaurant une *éthique de la discussion* : il s'agit de soumettre le débat politique à des règles rigoureuses qui engagent les interlocuteurs à l'honnêteté intellectuelle et à la clarté.

Index des penseurs cités

Table des matières

Rencontres philosophiques
Des idées pour :
garder
acquérir
et développer la confiance en soi

II. Vivre le temps

Approche philosophique du temps
Ce qu'il semble être
En quoi il est le cœur de notre humanité
Pourquoi il nous tourmente

Rencontres philosophiques
Des idées pour :
vivre
penser
aimer le temps qui passe

III. Être avec les autres

Approche philosophique des autres
Qui est l'autre
Comment nous le découvrons
Ce que vivre ensemble veut dire

Rencontres philosophiques
Des idées pour :
penser
comprendre
rencontrer les autres

IV. S'entraîner à la liberté

Approche philosophique de la liberté
Comment nous en faisons l'expérience
Pourquoi elle nous interroge
En quoi elle est problématique

Rencontres philosophiques
Des idées pour :
la comprendre
la pratiquer
la revendiquer

V. Apprivoiser la mort

Approche philosophique de la mort
La conscience que nous en avons
Les questions qu'elle nous pose
Comment nous l'abordons

Rencontres philosophiques
Des idées pour :
supporter
apprendre la mort
en aimant la vie

VI. Vivre l'amour

Approche philosophique de l'amour
Ce qu'aimer veut dire
Nos manières d'aimer
Comment mûrir d'amour

Rencontres philosophiques
Des idées pour :
comprendre
vivre
donner l'amour

VII. Créer la joie d'être

Approche philosophique de la joie d'être
En abordant l'être
En pensant le devenir
En vivant ce qui est et devient

Rencontres philosophiques
Des idées pour :
être
penser
agir joyeusement

Postfaces